冷静的爱：告诉孩子如何独立成长

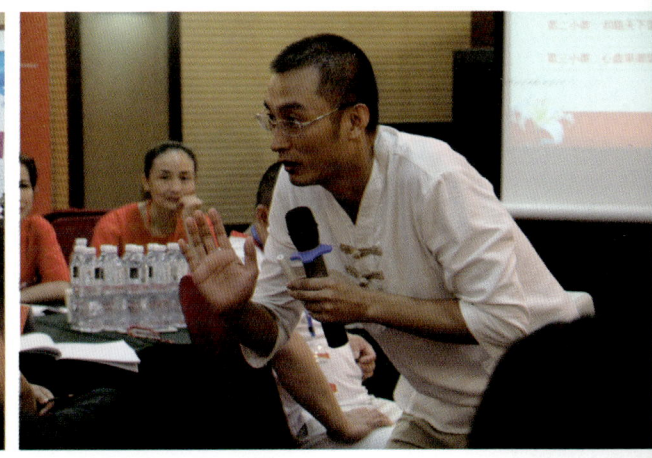

冷静的爱：告诉孩子如何独立成长

冷静的爱：告诉孩子如何独立成长

冷静的爱：告诉孩子如何独立成长

冷静的爱：告诉孩子如何独立成长

冷静的爱：告诉孩子如何独立成长

冷静的爱：告诉孩子如何独立成长

冷静的爱：告诉孩子如何独立成长

冷静的爱
告诉孩子如何独立成长

詹惠元　葛房芳◎著

当代世界出版社

图书在版编目（CIP）数据

冷静的爱：告诉孩子如何独立成长 / 詹惠元，葛房芳著
—北京：当代世界出版社，2016.1
ISBN 978-7-5090-1060-0

Ⅰ.①冷… Ⅱ.①詹… ②葛… Ⅲ.①家庭教育 Ⅳ.①G78

中国版本图书馆 CIP 数据核字（2015）第 294473 号

书　　名：	冷静的爱：告诉孩子如何独立成长
出版发行：	当代世界出版社
地　　址：	北京市复兴路 4 号（100860）
网　　址：	http://www.worldpress.org.cn
编务电话：	（010）83908456
发行电话：	（010）83908409
	（010）83908455
	（010）83908377
	（010）83908423（邮购）
	（010）83908410（传真）
经　　销：	全国新华书店
印　　刷：	北京毅峰迅捷印刷有限公司
开　　本：	710 毫米×1000 毫米 1/16
印　　张：	18.75
字　　数：	235 千字
版　　次：	2016 年 2 月第 1 版
印　　次：	2016 年 2 月第 1 次
书　　号：	ISBN 978-7-5090-1060-0
定　　价：	35.00 元

如发现印装质量问题，请与承印厂联系调换。
版权所有，翻印必究，未经许可，不得转载！

序

　　十多年前,我开始探索孩子的教育,我开拓了一个又一个幼儿园,说实话,对于教育本身而言,我的感受是复杂的。多年来看到很多父母因为不懂正确的教育理念和教育方法,导致孩子形成错误的人生观和价值观,从而步入歧途或碌碌无为,我很心痛。

　　在夜深人静时思索着应为当代的家庭教育做些什么。因此,我决定四处求学,探索出一条可以走得很远的家庭教育之道。我先后去过广州、北京、上海、深圳、厦门、西安等城市,就这样我遇见了我的导师——詹惠元。用苦苦寻觅来形容我对他的学识的求索绝不为过。他对教育事业拥有崇高的信念与理想,他一年举办上百场家庭教育公益讲座,还担任着国家教育部职业核心能力教师教学法的教学工作,在教学上有丰富的实战经验。有这样一句话,叫"人有善愿,天必佑之",在他的帮助下,我的探索之路走得特别踏实。《冷静的爱》这本书就是我和我的导师共同完成的。这本书不仅有我多年来对幼儿教育的经验总结,更有大量典型的家庭案例分析是来自于詹惠元老师的智慧分享,我们深信这本书能帮助很多迷茫中的家长走出困境。

　　詹老师说"往往家庭教育的事故发生来自父母的心不够安静,错失了

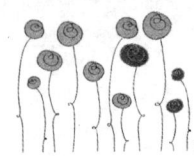

冷静的爱：告诉孩子如何独立成长

点化孩子的最佳时机，忽略了帮助孩子建立起强大内心世界的关健节点，甚至因语言暴力直接毁灭了孩子的精神世界。"所以我给这本书取名为《冷静的爱》。冷静的爱，包括你要关注孩子的感受，反省自己的错误，克制自己的贪欲，尊重孩子的行为，耐心地付出，和孩子一起学习和成长，最终陪伴孩子成为他们自己想成为的、父母认可的、社会尊重和需要的人；三者缺一，孩子未来都不会幸福。

葛房芳

目录

Chapter1　孩子，我拿什么爱你

1. 孩子，为了你，我成了虎妈鹰爸　//2
2. 孩子，为了你，我的世界里多了 7 个烦恼　//5
3. 爱也需要战略：为什么我的爱会使孩子迷失？　//16
4. 贪欲不等于爱：父母的欲望让孩子身心俱疲　//20
5. 为什么孩子不像以前那么听话了？　//28
6. 我们可以给予孩子生命，但是无法给予思想　//34
7. 宝贝，对不起　//41

Chapter 2　妈妈，你拿什么来爱我

8. 妈妈，你还可以像我小时候那样有耐心吗？　//48
9. 妈妈，有比成绩更重要的事吗？　//53
10. 妈妈，为什么一定要让我成为你希望的孩子？　//57
11. 妈妈，为什么你不懂尊重我？外公外婆也这么对你吗？　//62
12. 妈妈，这个我能做！　//66

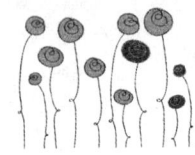

冷静的爱：告诉孩子如何独立成长

13. 妈妈，请冷静地爱我 //68

Chapter 3　爸爸，你拿什么来爱我

14. 爸爸，很多时候我更需要你！ //72
15. 爸爸，你的爱真的纯粹吗？ //80
16. 爸爸，可以让我自己做决定吗？ //83
17. 爸爸，可不可以不要给我这么大的压力？ //88
18. 爸爸，你打我，其实我不怪你 //96

Chapter 4　为什么会这样

19. 爸爸妈妈，为什么你们要吵架？ //102
20. 为什么我的孩子不懂得心疼大人？ //105
21. 为什么每个孩子都在吸收父母的行为？ //111
22. 为什么孩子越来越不爱学习？ //114
23. 为什么我止不住他的谎言？ //120
24. 为什么孩子这么小就开始"偷钱"？ //131
25. 孩子，为了你的野蛮成长，我会用上所有的智慧！ //135

Chapter 5　真爱如是

26. 我们负责好好学习，你负责天天向上 //142
27. 孩子，爸爸妈妈永远不做你的"梦想终结者" //147
28. 孩子，让我帮你组装成长的"发动机" //152
29. 我愿意成为你的咨询顾问 //155
30. 孩子，学会交朋友 //158

Chapter 6　爱的代价

31. 怎么做是尊重孩子的表现　//166

32. 如果我这样做，说什么孩子都会听　//171

33. 很多时候，我先否定的是自己　//178

34. "接纳"是我必须练就的"勇敢的智慧"　//181

35. 孩子的所有感受都应该被接纳，只有行为是需要被限制的　//189

36. 不同的阶段不同的爱　//196

37. 孩子，爸爸妈妈也会错，请你原谅　//202

Chapter 7　爱的护卫

38. 孩子，因为爱你，所以我们永远不会毁掉你的耐性　//210

39. "罚"的艺术　//218

40. 炼就5双眼睛　//224

41. 孩子，让我们来建立规则和秩序　//234

42. 让我们走向自强自立之路　//239

Chapter 8　冷静的爱

43. 孩子，成为你的人生导师并不容易　//244

44. 20年后，你面对的世界是什么样的？　//247

45. 孩子，未来需要什么样的你？　//250

46. 孩子，让我们建立起崇高的生命取向　//255

47. 孩子，我们希望你养成受益终生的好习惯　//258

48. 孩子，我们理智地谈谈性　//266

49. 最后一课：认真面对自己的生命　//274

Chapter 1
孩子，我拿什么爱你

作为父母，最悲哀的事情是什么？

是当你的孩子慢慢长大，他遇到各种问题，而你却无能为力。

往往孩子越大，你就越不知所错。

我们爱孩子，但是我们不懂如何去爱孩子。

打骂不等于教育，同理，贪欲也不等于爱。

爱，也是需要战略的。

1. 孩子，为了你，我成了虎妈鹰爸

2015年，一部《虎妈猫爸》火爆荧屏，引起了许多家长的共鸣，也引发了我深深的思考，该电视剧主角"虎妈"胜男的经历，正是许多父母的写照。

"虎妈"这个词非常形象：那些妈妈们为了孩子，变得凶悍、独断，用激进的手段去教育孩子，还有和虎妈一样的"鹰爸"，虎妈、鹰爸崇尚的是"不让孩子输在起跑线上"，最怕"把孩子耽误了"。

为了自己的孩子能够比得上别人的孩子，为了孩子能够一直保持优秀，用尽浑身解数，严格要求孩子的虎妈、鹰爸还真不少。

但是，孩子是一个复杂的、动态的、有着自己想法的生命体，即使变身虎妈、鹰爸，也有解决不了的问题，甚至会促使新的问题产生。然而，不成为所谓的虎妈、鹰爸，又能怎么样呢？

Chapter1　孩子，我拿什么爱你

你是否在教育孩子时，时常感到无力和茫然？

是什么时候发现对孩子的教导出现偏差的？

是什么时候发现孩子不服管，甚至开始顶嘴的？

是什么时候发现不知道怎么去爱孩子的？

是什么时候发现孩子跟你不亲的？

是什么时候发现你已经对孩子的内心捉摸不透了？

是什么时候发现你对孩子的教育和管教已经没有把握了？

虎妈鹰爸究竟是不是家长的目标？

我常常感叹：现在的孩子太不容易了。

试想一下，即使是作为父母的我们，现在工作中用到的知识和技能，有多少是来自于小学的语文、数学，来自于初中的生物、化学，来自于高中的物理、历史？在未来，社会需要的知识很大程度上和现在是不一样的。未来世界需要的人才，也绝不是填鸭式教育培养出来的只知道闷头学习、考高分的孩子。那么，孩子学习的目的究竟是什么？家长在逼迫孩子学习时，是否思考过这个问题？学习数学的目的，绝不是让孩子考个高分就完了，而是让孩子在学习数学的过程中学会严谨、学会世界的规律、学会理性和逻辑。学习语文的目的，也不是让孩子能够写出高分作文，而是让孩子学会感性，学会表达自我，学会了解和观察周围的世界。常常有家长问我：未来孩子所在的那个竞争的世界和时代，什么能力是最重要的？我的答案只有一个：幸福的能力，面对问题、解决问题、最终获得幸福的能力！几十年以后，中国会像美国一样强大，甚至超越美国，但是我们的孩子们的幸福感能不能超越美国的孩子？获取幸福的能力能不能超越美国的孩子？

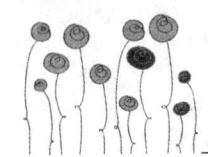
冷静的爱：告诉孩子如何独立成长

另外，父母往往很关心孩子的生理健康，关注孩子的身体发育是否正常、营养是否均衡，却忽视了和生理一样重要的心理。曾经有个孩子的爸爸，在孩子几岁的时候，和孩子妈妈吵架，没有控制好情绪，就开始摔摔打打，发出很大的声响，甚至把孩子喜欢的玩具也一起砸了，当时这个孩子吓坏了。爸爸事后很后悔，再也没有摔过东西。但是后来这个孩子长大了，他的爸爸妈妈才发现他没有办法控制自己的情绪，只要一生气，就会摔东西。有什么摔什么，有时摔手机，有时摔电视、电脑，急了还掀桌子。他没有办法控制自己的行为，而他最早开始摔东西，就是从他小时候他爸爸当着他的面摔东西开始的。我们是否想过，自己的行为会给孩子的心理造成什么样的影响？是否会影响孩子长大以后成为一个快乐的人？

虎妈、鹰爸可以解决孩子的不服从问题，但是不能解决子女和父母之间的感情问题。

虎妈、鹰爸可以解决孩子的生理问题，但是不能解决孩子的心理问题。

虎妈、鹰爸可以解决孩子的学习问题，但是无法助益孩子的未来。

虎妈、鹰爸，要解决的不仅仅是孩子的学习成绩和健康问题，还要教会孩子如何去创造幸福和未来。

我能做的（方法方向）：**拥有一颗为了孩子的成长愿意改变自己的心，怎么改变是我要继续思考和探索的课题！**

Chapter1 孩子，我拿什么爱你

2. 孩子，为了你，我的世界里多了7个烦恼

在某次课程结束后，我和一位面带忧愁的家长进行了深度沟通，他问了我一个非常难的问题："詹老师，我儿子现在已经28岁了，接近而立之年，按理说不该再让我操心了。但是我对他非常失望。他性格不好，工作也不顺，作为父母我也不知道该怎么办。儿子从小到大的所有事我能做的就做，能帮的就帮，没想到这孩子长大了，还是什么事都需要我操心，到现在也没有结婚，谈了很多女朋友也都没有结果。我每天就为了这个事情发愁。"

这位家长对我说：他感觉现在和儿子的距离非常远，这个"大"孩子现在很孤僻，每天很晚才回家，有什么事情都不和自己说，每天闷闷不乐的。

我对这位忧虑的家长说，有六个字可以形容他现在的状态：**提不起，放不下。**

在当今这个时代，中国父母的心中可谓烦恼多多，难以理解的是，这

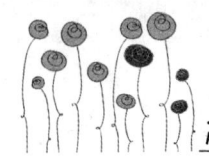

冷静的爱：告诉孩子如何独立成长

些烦恼往往是因为对孩子的爱而引起的。

我到底在担心孩子什么？
我担心的这些我能解决吗？
假如孩子按我说的做，我是否就不再担心了？
我知道担心不一定有用，但我为什么放不下？

烦恼1：孩子，为了你的学习条件，我豁出去了（烦恼落在学习上）

当你学习好的时候，担心你能不能把好成绩保持下去，担心自己不能给你最好的学习条件；当你学习成绩不够好时，我的烦恼就更多、更严重了，有时担心你不如别的孩子聪明，有时担心你会被我"耽误"，有时担心你会"输在起跑线"上，甚至经常担心你学习不好，以后可怎么办！

家长对孩子学业、智力的烦恼忧心，是不分孩子的年龄的。

即使孩子只有三四岁，家长也会天天担心：担心孩子在幼儿园学到的知识够不够，比起别的孩子表现如何，按照现在的情况以后能不能上重点小学。

这种担心在我看来是可以理解的，却没必要。

烦恼2：孩子，因为爱你，我的世界里几乎都是你（烦恼落在情感上）

父母和孩子的情感沟通，往往要经历3个阶段：一开始是你看他玩，在孩子很小的时候，还不懂得和别人交流，他沉浸在自己的世界里，父母只能看着他玩，在这个阶段，他的世界就是你的世界；后来是你陪他玩，孩子开始形成自我意识，并对外界产生了强烈的兴趣，他非常需要父母的陪伴，需要父母陪自己去发现这个世界，在这个阶段，你的世界

就是他的世界,你们一起玩,一起探索,这个阶段孩子和父母的感情是最牢固的;最后一个阶段,是你随他玩,孩子长大了,不再需要你,你只能随他玩,他有自己的世界。

在前两个阶段,父母和孩子的感情不断加深、升温,终生的信任在这时建立,未来的相处模式也在这个时候固定。

作为父母,如果一开始错过了看他玩的阶段,后来又错过了陪他玩、陪他一起长大的阶段,到了只能随他玩的阶段,就已经没办法走进他的内心,没办法走进他的情感世界了,隔阂也就产生了。

很多父母和自己的孩子,正是有着这样的隔阂。

烦恼3:孩子,你知道我有多在乎你的营养和健康吗?(烦恼落在健康上)

父母的第三个烦恼,是对孩子营养和健康的担心。

营养上的烦恼:父母总是担心孩子营养不良,所以变着花样地做好吃的给孩子,并给孩子补充各种可能对孩子来说毫无必要的补品。

还有的家长怕孩子饿着,让孩子每天上学时带各种水果和零食。

健康上的烦恼:只要孩子不在自己眼前,就担心孩子会出事;一刮风就担心孩子会被风吹着,一变天就担心孩子会着凉;如果孩子此时在学校上学,那家长们的担忧就更厉害了。所以有的父母会每天让孩子多带个小包,包里放着多余的衣服和雨伞等物品。

烦恼4:孩子,只要你认真学习,钱的问题我解决!(烦恼落在金钱上)

父母的第四个烦恼,就是家庭财务状况的烦恼。有时候,孩子在学校里会相互攀比,这些孩子的父母也会攀比。

孩子攀比的是花钱,是父母为其买的"装备",是吃穿用度;父母的

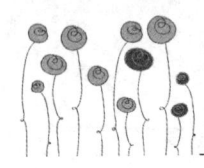

冷静的爱：告诉孩子如何独立成长

攀比，往往是为了让孩子不输给别人，有时还要打肿脸充胖子。

但是由于很多家庭财力有限，这些攀比无形中增加了家庭的负担。很多时候，孩子的要求是父母无力满足的。

这时父母就陷入了这样的烦恼：到底是倾尽全家的力量，把所有的资源都用在孩子身上，还是量力而行，适当地委屈孩子？有的家长跟我说，他也不想给孩子买，不想助长孩子的攀比心和炫耀心，但是听孩子说班里的小朋友都有了，就担心如果自己的孩子没有，会不会受委屈。

不要小看对孩子财务认知的教育，不富裕的家庭打肿脸充胖子实在不可取，对孩子的有求必应，会使孩子变得以自我为中心，认为自己的要求就应该得到满足。

有的富裕家庭更是如此，曾经有家长跟我取经，说现在家庭条件不错，所以孩子要什么都给买，从小孩子吃的、用的、玩的都是最好的，结果孩子现在就知道乱花钱，也不好好学习，反正家里有钱，他认为用钱什么都能解决，没必要好好学习。

烦恼5：孩子，为了你，爸爸妈妈尽力了，我们只有这水平（烦恼落在进步上）

前段时间，一位家长找我寻求帮助。当我说起孩子的 IQ、EQ，这些现在流行的"Q"时，他非常困惑地对我说："詹老师，你说的这些 Q 我都不知道。这么多年，我只知道一个 Q。"

我问："什么 Q？"

他说："CQ。"

我又问："什么是 CQ？"

他说："创伤啊，创伤的缩写就是 CQ！我小的时候受到了太多创伤，这么多年我就是被现实摧残过来的，所以，我不想我的孩子再受到摧残。

但是现在知识发展太快了,他的学习我根本辅导不了,有时他跟我讲的东西,我都听不懂,他也就不跟我沟通了。现在的孩子是越来越聪明,有时反而把我耍得团团转。"

这是很多家长都有的烦恼,尤其随着孩子的年龄越来越大,他的世界也越来越精彩,有时他的世界太新颖了,我们不懂。而家长的教育方式还是老样子:老牛拉破车,一辈传一辈,自己教育的方式是从自己爸爸那儿继承过来的,现在根本不实用了。

这种烦恼,叫作家长"个人成长"的烦恼。你的孩子一直在成长,一直在接受最新的教育,但是家长的成长跟不上孩子的成长。

烦恼6:孩子,为了教育你,我跟你爸爸(妈妈)都吵腻了(烦恼落在夫妻关系上)

夫妻之间的关系是整个家庭关系的核心。一个家庭最重要的关系首先是夫妻关系,其次才是亲子关系。

但很多家庭在有了孩子之后,常常是孩子处于第一位,配偶被放在第二位。

为了孩子,一切都要靠边站,亲子关系凌驾于夫妻关系。

如果一个家庭中的亲子关系凌驾于夫妻关系,那么首先夫妻中的一方会感觉自己是不被重视的,觉得在这个家里找不到自己的位置,继而产生失落感。

一个人在家里找不到自己的位置,就有可能去外界寻找。

久而久之,夫妻间的问题就产生了。

还有一个问题是,夫妻俩的教育理念不同,教育方式也不同,父母双方持有不同的教育观念,最后为了孩子争吵不断。这样的争吵,在很多家庭几乎每天都在发生。

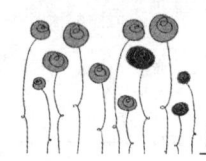

冷静的爱：告诉孩子如何独立成长

大到孩子对未来的选择，孩子应该上哪所学校，孩子该上什么辅导班。小到孩子应不应该把饭菜吃完，应不应该自己做家务。

为了孩子的问题，爸爸妈妈都吵腻了。

烦恼7：孩子，只要你愿意，我可以放下一切来陪伴你成长（烦恼落在工作上）

我在看《虎妈猫爸》的时候，对女主角的行为是既理解又反对。理解她的一片爱女之情，却反对她把所有的心思都放在孩子身上，以致忽视了自己的丈夫，也漠视了自己的工作。

其中有几个情节，都是女主角在工作的紧要关头因为孩子而忽视了工作。

比如说，女主角在进行一个重要的工作项目时，客户、老板都来了，她因为担心孩子（其实那个时候孩子是没有事情的），放下工作，立刻回家看孩子去。

电视剧里的女主角是典型的"母鸡孵蛋"型的母亲，这种妈妈把孩子看得死死的，孩子一时不在自己眼前，动态一时不被自己掌握，就立刻炸毛，抛下一切工作去照看孩子，恨不得拿根绳把孩子绑在身上。

这种教育方式真的好吗？

我看未必。这种教育方式首先造成了你在工作上的失衡——把精力都放在孩子身上了，你还能留多少时间和精力给工作？

如果工作不顺心，反过来又会加重你的压力，使你在工作和家庭之间疲于周旋，不堪重负。

这种教育方式造成的结果可以用8个字概括：疲于工作、疲于生活。

孩子，为了你的健康成长，我能做什么？

在你的学习问题上，我把心态放平（解决学习烦恼）

其实我们根本不必担心孩子成绩好不好的问题，成绩，一方面看天赋，

一方面看学习习惯。成绩好只能说明孩子有学习天赋,学习习惯也正确。

大多数孩子的聪明程度是差不多的,所以决定他们成绩差异的,本质上还是学习习惯的差异性。

家长如果能够在孩子上二三年级之前,就把孩子的基本学习素养和良好的学习习惯培养出来,那么好成绩其实是水到渠成的事情。

不必强求自己的孩子一定要考第一、当状元。"状元"这个词很好听,但是它早就失去了其原有的意义。

古代的状元是给皇帝打工,如果你的孩子学习特别好,就可能成为受很多人尊重的人。

但是现在呢?现在的状元步入社会后,还是要给老板打工,而老板往往根本就不是状元。培养孩子的习惯、素养、综合能力,在我看来,远比考第一、当状元重要。

我要成为让你尊敬和向往的父母,再走进你的内心(解决情感沟通的烦恼)

很多父母非常烦恼:为什么我没有办法走进孩子的内心?为什么孩子不愿意和我进行情感沟通?

当你烦恼的时候,孩子会站在你的对面,他很清楚地知道你的烦恼,清楚你想亲近他,但是他不会给你这个机会。因为孩子已经不再信任你,甚至有的孩子会利用你的爱和信任来伤害你。

如果孩子不给你机会,你该怎么办?

唯一可以帮助他,也帮助你的方法就是:**提升你自己,完成你作为家长的72变,成长为合格的、优秀的、能够引导他、带领他的父母,成长为让他尊敬和向往的父母。**

只有你成长了,孩子才会给你和他沟通的机会,才会给你走进他世界的

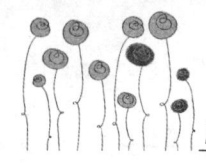
冷静的爱：告诉孩子如何独立成长

机会。

从今天起，我要你学会为自己的健康负责（解决健康烦恼）

当我们给孩子的"营养"太多时，并不会给孩子带来更多好处，反而会让孩子在这些"营养"里腻死。

对于父母的这种"过度关爱"，我是持反对态度的。关心孩子没有错，但是父母是不是应该让孩子学会独立、学会对自己负责任？

如果担心变天、下雨，我们可以提醒孩子：今天可能要刮风，你是不是该多带件衣服？通过培养孩子的独立性，让孩子学会照顾自己。

如果孩子真的很容易饿，我们可以让孩子带一种水果，饿的时候吃。

总之，父母要学会适当放手，让孩子学着为自己的健康负责。

孩子，让我们来谈谈我们的家庭财务状况（解决财务认知的烦恼）

如何解决家庭财务状况的烦恼？

首先要让孩子了解到家庭财务的真实情况。

不富裕的家庭，对孩子要实话实说。如果家里不宽裕，那么就应该让孩子知道这一点，同时让他知道，虽然家里不富裕，但是会尽量满足他的基本要求；如果有满足不到的地方，也不能勉强。告诉孩子家里的真实情况，也能够让孩子从小知道赚钱不容易，父母不容易，这样反而能够增强孩子的责任心。

当别的孩子都在攀比花销的时候，也许你的孩子反而在这个过程中增强了责任心和荣誉心。要让孩子懂得勤劳朴素，知道为家里着想，这些都是孩子能做到的。

当孩子有了责任心和荣誉心，你让他攀比，他都会觉得那种行为很幼稚。他也会羡慕其他孩子的优越条件，但是他会因此而更加努力。

Chapter1 孩子，我拿什么爱你

现在的家庭条件比以前好多了，但是仍然有相对来说的"寒门"，那么，为什么现在人们都说"寒门难出贵子"？因为现在的家长太溺爱孩子了。寒门，本身是锻炼孩子的良好环境，但很多家长不想委屈孩子，不想让孩子感受到自己在寒门，于是变着法儿地满足孩子的愿望，不仅让家庭背上了包袱，还失去了锻炼孩子的机会。

如果你爱自己的孩子，应该从孩子小时候开始，把整个家庭的包袱分一小部分给他，让他慢慢适应承担责任，这样他长大了步入社会后，面对社会要求的责任时，才能更好地背负起来。

对于富裕的家庭也是如此，不能一味地溺爱孩子，要适时地对孩子说"不"，并和孩子经常沟通，告诉他为什么不能满足他的所有愿望。即使在富裕家庭，也不要助长孩子的虚荣心，不要让孩子觉得钱财来得很容易。

掌握财务认知上的平衡：和虚荣心一样可怕的是匮乏感。

有这样一种父母，非常怕教育出不懂人间疾苦、不懂理财、不懂珍惜父母劳动成果的孩子，所以每给孩子花一分钱，买一样玩具和零食的时候，都要反复教育孩子钱财来之不易，要珍惜，爸爸妈妈挣钱是多么不易……

这样的教育多了，带给孩子的是"匮乏感"。

什么是匮乏感？

永远都觉得不够，永远都觉得缺少，永远都觉得自己很穷，甚至永远觉得自己不配拥有好的东西。

匮乏感与家境无关，即使很富有的家庭，如果父母的教育方式不当，孩子也可能产生很强烈的匮乏感。

这种匮乏感，是孩子失去快乐能力的开始。

我认识一位企业家，他是穷苦人家出身，好不容易打拼出了自己的事业和家庭，他对孩子非常疼爱，但是这种疼爱是带着条件的。

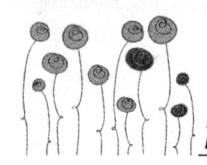

冷静的爱：告诉孩子如何独立成长

他愿意给孩子提供最好的物质条件，去一趟香港能给孩子买好几身上千元的衣服，但是每给孩子一样东西，他都会念叨这个东西多少钱，赚钱是多么不容易，反复提醒孩子要体谅父母。

渐渐地，他发现孩子越来越不开心，给他买的新衣服他也不愿意穿；孩子以前很喜欢画画，他给孩子买了昂贵的进口颜料，孩子却再也不画了。

我和这个孩子谈了很久，发现这个孩子有非常严重的匮乏感和愧疚心。他说："我不想要那些。我觉得我们买不起。"

原来父母买颜料给他时，也在不断念叨上述那些"经文"，时间长了，孩子便不愿意再碰那些他觉得父母根本买不起的东西了。

这就是匮乏感。如果一个孩子怎么都觉得自己家非常穷，每享受一样东西就觉得是欠了父母的，那么这个孩子可能幸福地成长、享受生活吗？

孩子，我要和你一起成长（解决成长烦恼）

孩子一直在成长，如果家长不学习不成长，那么当然就跟不上孩子的步伐了。

家长想要成长，可以从看书开始，而最好的途径是向你身边最出色、最会教育孩子的家长学习。

孩子，我会努力经营自己的婚姻，不只为了你，更为了我自己（解决婚姻烦恼）

从现在起，把夫妻关系作为家庭关系中的核心关系。

孩子，虽然你很重要，但是你并不是宇宙的中心，也不应该是家庭的唯一核心。

爸爸妈妈的和谐关系，才应该是更重要的。和谐的家庭，本身就是最好的教育环境。

我们努力经营自己的婚姻，是让自己和孩子享受家庭幸福的唯一有效途径。

孩子，从现在起，爸爸妈妈将尽力减少吵架，尤其是因为你的教育问题而引发的吵架。我们会统一原则，按照原则行事，"依法治家"，而不是随心所欲地发泄自己的想法，不断争吵。

孩子，你是我生活的重心，但不是我生活的全部（解决工作烦恼）

如果把孩子作为生活的全部，我们的工作和家庭就会不平衡。

掌握家庭和工作之间的平衡是一种技术。

我的秘诀是：第一，在工作时间，不想家庭。可以在工作的间隙、午餐时间、出差时分，打电话给家里。在正式的工作时间，不要惦记家里的事情，要一心一意地工作。

第二，回到家里，不管工作。只要白天努力工作过了，回到家里，立刻把工作放下。不管有多烦恼的事情，如果不是急事，那就留待明天的工作时间去解决。

享受工作，享受生活，才应该是我们生活的常态。

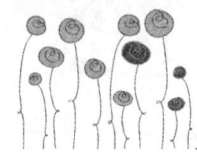

冷静的爱：告诉孩子如何独立成长

3. 爱也需要战略：为什么我的爱会使孩子迷失？

我们用什么去爱孩子？是用我们的智慧、我们的财富，还是我们全部的能力？

其实，我们对孩子最原始、最朴素的爱和责任就有无限的力量。生活中，我们常常会看到一些再普通不过的父母教育出了杰出的孩子。也许这些平凡的父母没有很高的社会地位，没有杰出的事业，没有多少金钱，也没有渊博的学识，但是他们就靠着那些最简单、最淳朴的东西：对生活的热爱，以及自己身上坚韧不拔的精神，用自己的行动去感化孩子,最终教出了杰出的孩子。

我通过调研和访谈总结出，中国家长一共有8种类型，其中4种类型使孩子正在迷失。

第1型：母鸡孵蛋型——"我爱你，我要包办你的一切"

这一类家长在现今社会占的比重最多，因为爱孩子，所以把一切都替

孩子做了，他们的口头禅常常是："你就管好你的学习，其他你什么都不用管。""放着让爸爸妈妈来。"

这一类家长对孩子出现问题时的反应特别快，可谓是孩子最衷心的下属、最勤快的上司。

包办一切常常使孩子的适应能力和自理能力特别差。母鸡孵蛋型父母，也是所有父母类型中最喜欢指责自己的孩子是"白眼狼"的父母，因为他们的付出实在太多，所以他们也是所有父母中最容易感觉到"付出多、收获少"的。当他们觉得自己的收获匹配不上自己的付出时，就会转而指责孩子"白眼狼"、"没良心"、"白疼你了"。

做母鸡孵蛋型父母的孩子会非常累，但有的父母说：我都替他做了，他什么都不用管，怎么会累？

在成长中，孩子通过自己做事情能够获得成就感和自信心，当父母剥夺了孩子的这个机会时，孩子就会时时刻刻感觉到自己是没有价值的（价值感不是源于你是谁，而是取决于你做了什么）。

孩子成长中的一切虽都是由父母领路的，但是父母不可能包办孩子一辈子。当孩子长大后，失去了父母的包办时，他们就会变得无所适从。

第2型：君临天下型——"你得听爸爸妈妈的"

这种类型的家长特别独裁，什么事都是自己管。"凡事都要听我的"，如果孩子不听话，要么吼，要么打，要么施以面壁之类的惩罚。

君临天下型的父母不给孩子任何的独立权利，也不允许孩子拥有自己的意志，孩子怎么可能不迷失？

作为君临天下型的父母的孩子，往往缺乏耐性和自控力，因为从小到大都是在父母的控制下长大，当没有人控制他们时，他们就会变得不知所措。

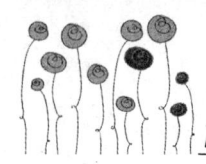
冷静的爱：告诉孩子如何独立成长

第 3 型：野马奔腾型——"我太忙了，你先自己去学习、去玩"

这种家长对孩子基本属于放养，因为自己的工作太忙了，根本顾不上孩子。要么开会，要么见客户，要么整理文件，孩子基本上就不怎么管。

孩子没有方向，自然会迷失。

第 4 型：心血来潮型——"想起来我就管管，想不起来就算了"

这种家长往往不够敏感细心，对孩子的教育也缺乏系统性的规划，心血来潮的时候就管管孩子，因孩子犯错使自己没面子的时候也会管管孩子，想不起来的时候就任孩子随便成长。心血来潮型的家长在愿意教育孩子的时候，往往会表现得很用心、很专业。但是这种认真的教育持续不了多长时间，当他们觉得教育孩子麻烦时就会采取"就这样吧"的随意态度，而错过教育的最佳时机。

家长给予孩子的方向是不稳定的，时有时无，孩子迷失也是意料之中的事情。

如果你是这 4 种类型之一，你就要警惕了：**如果你爱孩子的方向是错误的，那么你的爱就是在耽误孩子。**

爱孩子也需要战略。首先要从"迷失型父母"转变为"优质型父母"。

什么样的父母才是优质型父母？优质型父母也有 4 种类型。

第 1 型：以身作则型——"孩子，我就是你的榜样"

在事业上表现卓越的父母常常是这种类型。这种父母非常重视以身作则，让自己的实际行动成为孩子的榜样。

作为以身作则型父母的孩子往往很幸福，因为在这种父母身上，你找不到"苛求"这种行为，他们自己做不到的事情，就不会去要求孩子。

我把这种父母叫作"行为教育家"，他们是用自己的行为去影响自己的孩子。

第 2 型：顺藤摸瓜型——"具体问题，具体分析"

这种类型的父母也被我称为"智慧教育家"，他们在孩子的教育问题

上非常喜欢动脑,对孩子的每一个问题都能够做到具体问题具体分析,顺藤摸瓜地教育孩子。

这一类型的父母往往能够找到每个问题的根源,然后制订专业的、具体的措施去逐步解决,他们本身非常懂教育。

这种父母是能够在关键时刻,给出关键观点,做出关键行为的父母。表面上看,这种父母显得比较随性,让孩子自由地成长,其实每个关键时刻,他们都在发挥作用。

第3型:亲密朋友型——"我们是平等的,我还是你的好朋友"

亲密朋友型的父母,在年轻的80后父母中所占比重非常大。这类父母大都接受过良好的教育,相比老一辈,他们的观念更开放,更懂得教育孩子,也更愿意和孩子平等相处。

亲密朋友型的父母相比其他类型,会更理解孩子的行为,更了解孩子的心事,更能够和孩子一起成长。拥有这种类型的父母无疑是幸福的。

第4型:良师益友型——"我是你最好的老师,也是你最好的朋友"

良师益友型的父母是每个孩子的理想!良师益友型的父母是孩子最好的老师,他们能够像顺藤摸瓜型父母那样,引导孩子解决每个问题,走上正确的道路;也能够像亲密朋友型父母那样,聆听和理解孩子的心事,成为孩子成长道路上最好的朋友。

爱也需要战略:从迷失型父母到优质型父母的变身

没有人天生就是完美的,为人父母也是一门需要学习、思考,在不断的反思中进步的学问。

意识到自己盲目的爱会导致孩子迷失这一事实,是帮助爸爸妈妈们从迷失型父母变身为优质型父母的第一步。

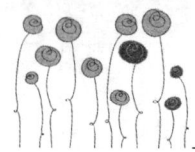

冷静的爱：告诉孩子如何独立成长

 贪欲不等于爱：父母的欲望让孩子身心俱疲

亲爱的爸爸妈妈们，你们是否有这样的症状：

认为自己都是为了孩子好，所以孩子应该100%地听自己的话。

即使心里明白成绩不代表一切，但是发现自己孩子不如别的孩子聪明、学习好，马上就会感到不愉快。

嘴上说爱孩子，但是在孩子的快乐和外人的眼光之间，往往还是会选择外人的眼光。

如果孩子的行为不受自己的控制，马上就会感到焦虑。

要知道，这些都是父母的欲望啊！

父母的爱面子、爱钱、爱地位、爱逞能、爱控制等一系列欲望，让

孩子身心俱疲。

父母的欲望1：爱面子

因为父母爱面子，使得很多孩子在父母的控制下长大。

不得不承认，我们每个人都生活在别人的眼光之中，和别人比较，受别人的评判，受成功标准的桎梏，受普世价值的影响。

我们常常用别人的眼光、别人的标准去评价自己，评价自己是否成功；在养育孩子这件事上，我们也在用别人的眼光、别人的标准去评价我们的孩子。

如果孩子没有达到别人的标准，我们就认为孩子让我们丢掉了面子。

如果孩子没有比邻居家的小孩考得更好，我们就认为孩子让我们丢了面子。

如果孩子没有同事的孩子有才艺，我们就认为孩子让我们丢了面子。

如果孩子没有像亲戚的孩子那样热情、大方、有礼貌、人见人夸，我们就认为孩子丢掉了我们的面子！

当我们说"要给孩子最好的物质"，是真的认为孩子确实需要"最好的"物质，还是出于炫耀心和比较心而选择了最好的物质？

父母爱面子，所以生怕自己的孩子不如别的孩子从而让自己丢脸。于是很多父母竞相给孩子报补习班（为了成绩不输给别的孩子）、艺术班（为了才艺不输给别的孩子）、少年领袖班（为了能够领导别的孩子），还有的父母会给学校赞助，帮助孩子选择朋友，让孩子在小小年纪就出于功利的目的交朋友！

父母的爱面子，剥夺了孩子童年的幸福和快乐。

一次我在温州讲课的时候，有一位妈妈问我："老师，我的女儿太要强了怎么办？"

冷静的爱：告诉孩子如何独立成长

我说："要强是好事啊。多少妈妈希望自己的孩子要强还无法如愿呢。"

这位妈妈说："我的女儿太要强，我担心她太要强，会像我一样，未来婚姻不幸福。"

这句话背后至少隐藏了 3 个问题：

第一，好胜心的问题。孩子要强，有的是因为自己本身的好胜心特别强，但好胜心只要用对地方，是没什么坏处的。

第二，安全感的问题。很多孩子之所以要强，其实是因为缺乏安全感，太害怕失败。说明在孩子的成长过程中，父母对孩子没有进行好的挫折教育。

第三，父母虚荣心强、父母要强的问题。从这位妈妈的诉说中，就能体现出来，很多大人喜欢以自己的感觉和标准去评判孩子，去推测孩子的未来。

一个孩子要强，其实是好事。只要你引导得好，只要你把孩子要强的劲儿放准地方，其实问题不大。

没有谁天生就要强。而且很多孩子的要强，其实是父母逼出来的。

比如这位问我孩子要强怎么办的妈妈，在和我沟通的过程中，她不断地对我炫耀她的孩子有多么好，她很得意地说："哎呀，我这孩子就是太要强了！语文经常考 98 分，数学经常考 100 分，考一次 99 分都不行！而且我家孩子还多才多艺，既想练主持，又想学舞蹈，还想学唱歌。哎呀！太要强了！"

讲着讲着，这位妈妈的脸上竟然流露出因为孩子要强而产生的自豪的神情。

这位妈妈也许没有觉察到自己的心理状态，她嘴上说担心孩子要强，担心孩子未来的婚姻，心里却因为孩子要强而特别骄傲。

所以，很多时候，不是孩子要强不要强的问题，而是孩子父母的虚荣

心可不可以少一些的问题。

父母的欲望2：爱钱

在孩子小的时候，很多父母都会给孩子买昂贵的辅食、买最贵的奶粉、买进口的婴儿车……美其名曰，孩子需要最好的。

孩子真的需要最好的吗？还是父母需要孩子使用最好的，来满足自己的愿望呢？我们小的时候，物质没有现在丰富，以致很多父母在对孩子的养育问题上，常常会有一种补偿心理，想把最贵的东西买给孩子。

只要最好的、最贵的东西，其实就是爱钱的表现！这是一种对金钱的无上认可，认为只有价钱高的，才能匹配自己养孩子的标准。

父母充分认识到金钱的价值和可贵，所以在孩子的问题上，他们都想要教育出"未来最成功的孩子"。

如果你问及什么是成功，很多父母会说"有自己的事业"；如果你进一步问他们：那么孩子有自己的事业，但是赚的钱不多，可以吗？

他们马上会斩钉截铁地说："那可不行。没钱怎么行呢？"

所以，所谓"有自己的事业"，不过是幌子。很多父母都想要教育出未来能赚大钱的孩子。

如果孩子显示不出赚钱的天分（比如学习好以后就能找份好工作、善于管钱以后可以理财、孩子的爱好也是可以赚钱的），家长就会感到焦虑。

如果孩子的爱好不符合家长的期望，家长也会感到焦虑。

父母这种爱钱的行为，其实是剥夺了孩子的梦想。

父母的欲望3：爱控制

"你不能这样！"

"你必须听爸爸妈妈的话！"

"这不行，那也不行！"

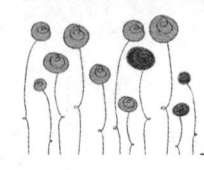

冷静的爱：告诉孩子如何独立成长

"你为什么就不能按照爸爸妈妈的想法去做呢？"

这样的话很多孩子每天都会听到好多遍，他们一直生活在父母的控制之下。父母爱控制，使得孩子没有了自由成长的空间，每天被父母的管教压得喘不过气来。

在山西太原，有个14岁的女孩。女孩的妈妈是物理老师，所以她经常跟自己的孩子说："你一定要把物理学好！你如果不把物理学好，让我怎么在学校待下去？别人会说，一个物理老师连自己的女儿都教不好。你看看别的学生，都巴不得让我多教教他，可是你呢？我是巴不得你问我！"

当孩子不听话的时候，这位妈妈就采取非常严厉的说教方法，有的时候甚至会对孩子动手。

这导致她和女儿之间的关系非常僵。

这位妈妈参加了我的一个为期3天的教育班，在听完一天我的课程之后，她就决定，一定要逼着自己的孩子也来听课。

她采取的方式是，如果孩子不来，第一，打孩子；第二，剥夺孩子对猫的抚养权。

因为这个女孩有一只小猫，她很爱那只猫。所以受了妈妈的胁迫，女儿就非常不情愿地来听课了。

我在讲课的时候，注意到她始终用充满仇恨的眼神看着我，那个眼神，就好像我欠了她两百万一样。

我特别惊讶：我做错什么了吗？为什么这个孩子这么仇恨地看着我？

课间休息的时候，女孩妈妈就叫我："詹老师，请您来和我的孩子聊两句吧。"

我只好在孩子仇恨的目光下，硬着头皮走过去。

这个女孩看我坐在她旁边，就把头别过去，看也不看我。我只好问："你

好,怎么称呼?"

这个女孩妈妈说:"她叫杨子欣宇。"

我问孩子:"怎么了?为什么这么不开心?"

她不说话,然后孩子妈妈也不说话,把所有的事情都交给了我。

我看到她们都不说话,只能继续说:"昨天你妈妈来听了我的课,可能她觉得这个课对你有帮助,所以今天带你也来了?看看有没有什么我可以帮助你的?"

这个女孩非常傲气地说:"我没有什么需要你帮助的!"

我感到很尴尬,僵持了一会儿,我想我需要一个突破口。

这个突破口,就是我的共情能力,我要让孩子感觉到,我是理解她的。于是我转而跟孩子妈妈说:"一看就知道她不是主动来的,肯定是你耽误孩子的休息时间了吧。孩子学习压力那么大,你还非让孩子在放假时间过来听课。"

孩子妈妈说:"是的。她不愿意来,是我逼着她来的,她不来我就收回小猫的抚养权。"

我说:"我要是知道这个情况,就不会答应你让你带女儿来。你昨天一天的课程真是白学了,怎么能这样对待孩子呢?"

这时在一边听我们俩说话的女孩竟然哭了,说:"我妈就是不讲理,她非逼着我来。"

我就道歉说:"对不起,对不起,都是我的问题。但是猫的抚养权是怎么回事?"

我和女孩聊了一会儿小猫,女孩告诉我,她妈妈说了,如果期末考试进不了前十名,就把小猫扔了。

于是我说:"怎么能这样呢?这样吧,欣宇,我来帮助你,既然我们

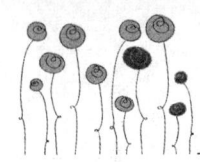

冷静的爱：告诉孩子如何独立成长

有缘分见面，那我来帮助你解决这个问题。我有办法，让你无论期末考试能不能考进前十名，都让你拥有猫的抚养权。"

这时女孩看着我，没有表态。我说："我先和你妈妈沟通一下。"

我经过和孩子妈妈的沟通，了解到这个孩子每天的学习时间都是4～5个小时。我表示这个学习时间太长了。

我对孩子的妈妈说："能不能让我做决定？"

孩子妈妈说："可以，您全权安排。"

于是我制订了两条措施：

第一条，孩子每天回家，就学习两个小时。在这两个小时中，她要全神贯注地学习，不能玩手机，也不能翻冰箱找吃的。

我问孩子："你能不能做到学习的时候全神贯注，不开小差，也不去和小猫玩？"

孩子说："能做到。"

第二条，孩子每天早晨，要晨读45分钟，这45分钟，第一要专心，第二要大声。

孩子也表示能做到。

然后我对孩子妈妈说："如果孩子把这两条做到了，期末考试不管考多少分，都不能拿回猫的抚养权。"

孩子妈妈欣然同意了。于是我们当场签字画押，达成了三方共识。

我感觉这个孩子立刻就开心了。

当然啦！现在期末考试已经结束了，我了解到这个孩子的成绩非常好。

而且这个孩子在参加我的21天训练营时，表现出了惊人的领导能力。虽然她才14岁，但是她在训练营中，表现出了体谅别人的感受、满足别人的需求的能力。

现在这个孩子和她妈妈的关系也非常好,她很骄傲地告诉我,在她参加我的21天训练营的时间里,由她妈妈和她的姑姑共同照看她的猫。

我对孩子妈妈还说过一件事:千万不要对孩子说"我还不如你养的那只猫"。

孩子爱猫,说明她有爱的能力。当妈妈看到孩子热爱小生命时,就要和她一起去照顾那个小生命,孩子会因此更爱你,把你当成她重要的小伙伴。

爱孩子,就是进入孩子的童年,和她一起做她最喜欢的那件事。

如果让作为父母的你,现在说说你的孩子的缺点,你能说出多少?

内向、胆小、就知道玩、数学不好、自私、没礼貌、喜欢撒谎、不知道心疼爸爸妈妈、迟钝……

恨不得写满一页纸。

那么请你们回忆下自己小时候的缺点,再想下现在自己身上的缺点,你们会怎么说?

我们往往会给自己辩护:有缺点是正常的、人无完人、这些不是缺点,只是我的特点。

看看,这就是双重标准!

当孩子有缺点时,我们往往急于改造,急于用我们的权威控制孩子,却不愿意付出耐心和观察,不愿意给予温和与智慧的引导。

父母的爱控制,剥夺了孩子独立自主的能力。

我们觉得自己给予了孩子爱,其实是在用自己的贪欲控制孩子。

贪欲并不等于爱,也不能让孩子幸福快乐地成长,甚至会阻碍孩子实现自己的梦想,成为自立自强的人。

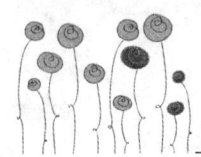 冷静的爱：告诉孩子如何独立成长

5. 为什么孩子不像以前那么听话了？

为什么孩子不像以前那么听话了？

在开始回答这个问题之前，我想先和大家分享我国台湾作家龙应台的一篇散文——《目送》。

华安上小学第一天，我和他手牵着手，穿过好几条街，到维多利亚小学。九月初，家家户户院子里的苹果和梨树都缀满了拳头大小的果子，枝丫因为负重而沉沉下垂，越出了树篱，勾到过路行人的头发。

很多很多的孩子，在操场上等候上课的第一声铃响。小小的手，圈在爸爸的、妈妈的手心里，怯怯的眼神，打量着周遭。他们是幼稚园的毕业生，但是他们还不知道一个定律：一件事情的毕业，永远是另一件事情的开启。

铃声一响，顿时人影错杂，奔往不同方向，但是在那么多穿梭纷乱的

人群里,我无比清楚地看着自己孩子的背影——就好像在一百个婴儿同时哭声大作时,你仍旧能够准确听出自己那一个的位置。华安背着一个五颜六色的书包往前走,但是他不断地回头;好像穿越一条无边无际的时空长河,他的视线和我凝望的眼光隔空交会。

我看着他瘦小的背影消失在门里。

十六岁,他到美国作交换生一年。我送他到机场。告别时,照例拥抱,我的头只能贴到他的胸口,好像抱住了长颈鹿的脚。他很明显地在勉强忍受母亲的深情。

他在长长的行列里,等候护照检验;我就站在外面,用眼睛跟着他的背影一寸一寸往前挪。终于轮到他,在海关窗口停留片刻,然后拿回护照,闪入一扇门,倏乎不见。

我一直在等候,等候他消失前的回头一瞥。但是他没有,一次都没有。

现在他二十一岁,上的大学,正好是我教课的大学。但即使是同路,他也不愿搭我的车。即使同车,他戴上耳机——只有一个人能听的音乐,是一扇紧闭的门。有时他在对街等候公车,我从高楼的窗口往下看:一个高高瘦瘦的青年,眼睛望向灰色的海;我只能想象,他的内在世界和我的一样波涛深邃,但是,我进不去。一会儿公车来了,挡住了他的身影。车子开走,一条空荡荡的街,只立着一只邮筒。

我慢慢地、慢慢地了解到,所谓父女母子一场,只不过意味着,你和他的缘分就是今生今世不断地在目送他的背影渐行渐远。你站立在小路的这一端,看着他逐渐消失在小路转弯的地方,而且,他用背影默默告诉你:不必追。

这篇文章写得深情隽永,带着为人父母的爱和惆怅:"我一直在等候,

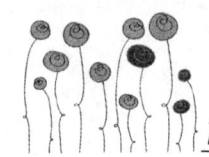

冷静的爱：告诉孩子如何独立成长

等候他消失前的回头一瞥。但是他没有，一次都没有。"

这不是孩子成年后，父母和孩子的真实写照吗？当孩子长大后，父母开始期盼孩子回头，期盼孩子从他自己的世界出来，多分一些关注、时间和空间给父母。

但是"所谓父女母子一场，只不过意味着，你和他的缘分就是今生今世不断地在目送他的背影渐行渐远。你站立在小路的这一端，看着他逐渐消失在小路转弯的地方，而且，他用背影默默告诉你：不必追。"

这段话，使无数为人父母、为人子女者，潸然泪下。无论是作为父母，还是作为子女，我们都不可能陪伴他们走完整个人生。

孩子是你的，但也不是你的。一开始是你抱着孩子走，而后是你领着孩子走，再之后，是孩子和你并排走。

但是总有一天，是孩子独自走，而你只能看着他的背影。

是什么时候开始，孩子不像小时候那么听话了？

是什么时候开始，他在你说话的时候心不在焉了？

是什么时候开始，他对你的教导不以为然了？

是什么时候开始，他和你对抗，甚至甩门而去？

你一定很失落，也一定非常疑惑：为什么会变成这样？为什么我这么爱孩子，他却接收不到？

我想，当你的孩子开始出现这些行为时，你一定很伤心。

但我要对你说：恭喜你，你的孩子长大了。

如果你的孩子一直像小时候那样对你言听计从，任何时候都不会违抗你的意愿，说明他没有自己的意愿，也没有反抗的意识，心智还停留在幼

儿阶段，他还没有准备好离开你。

当孩子开始不像小时候那么听话时，说明他正在变得独立。

如果你希望未来你的孩子能够独立、自信、坚强、勇敢，能够在这个世界上凭借自己的力量快乐地生活，那么一定不要阻碍他成长。

孩子小的时候，即使父母的教育方式是错误的，教育理念是错误的，他也会因为幼小而听从父母的。但是当孩子长大，有了独立思考的能力，就会看到父母的错误，并加以反抗。

孩子往往越大就越讨厌妈妈唠叨，孩子反抗的其实并不是父母本身，而是父母错误的教育方式和落后的教育思想。

在孩子成长过程中，"不再听父母的话"、"反抗父母"是一个非常正常、必不可少的阶段。

作为父母，我们会因为孩子不再听话、叛逆而感到失落，但是也应该为此高兴，并打起精神，和孩子一起面对他成长中的这个时期。

也要面对自己的这个时期：当孩子不再像小时候那样听话，你能够适应吗？当孩子开始反抗你的错误，你能够诚恳、冷静地面对自己的错误，并加以改正吗？

如果你的回答是"是"，那么现在一切还来得及。

没有错误的孩子，只有错误的教育。

我常常说，没有错误的孩子，只有错误的教育。在这里我想分享一个故事。

有一个叫郑志勇的小男孩，今年12岁。

他参加了我去年的训练营，给我留下了非常深刻的印象。

这个孩子属于那种顶级调皮的孩子。例如，他会含一口唾沫，像机关枪一样吐到身边所有人的身上。

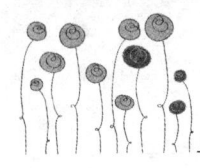
冷静的爱：告诉孩子如何独立成长

在中午休息的时候，别的孩子躺着睡觉，他会站到别的孩子肩膀旁，在他们身上跨来跨去。

当他和别人说话时，如果对方有一句话没有说到他心坎儿里，或者跟他起争执了，他会用手掐住别人的脖子大喊大叫。

在训练营当中，这个孩子表现出来的就是：绝不配合。

不管老师和教官怎么说，他都一定反着来：你让我稍息我就立正，你让我立正我就稍息；你让我向左，我就故意向右。当老师批评他时，他又故意露出可怜的表情，但是绝不会改。像这样的孩子，已经没有办法通过简单的沟通来解决他的问题了。

他时常把老师激怒。谁都拿他没办法。

但是我始终用充满耐性的态度对待他，和他沟通，就这样在训练营中度过了7天，到了第7天，我注意到他的态度稍稍有了改变。

难以想象，我竟然把这样一个12岁的孩子，像个小婴儿那样抱在怀里，让他坐到我的腿上。

当我目不转睛地、认真地、平和地看着他的时候，他偶尔也会看看我，我就对他说："你是整个训练营中，我最关注，甚至是最喜欢的孩子，因为我知道，如果我帮到你，就能帮到很多人，我也知道，你有的时候很自卑，不敢看老师。我知道你也想改变，但是过去已经累积下来的那种感觉、那种习惯，想改变很难。你有时不是故意的，只是不知不觉又犯了老毛病。"

这个时候，他竟然认真地看了我好长时间。

于是我跟他说："接下来，我们慢慢改好不好？就先从立正开始。好吗？"他同意了。

然后我们做了一个小小的仪式。

我和他一起，把他的习惯写在一张纸上：左边写好习惯，右边写坏习

惯。然后从中间撕开。

他把写有好习惯的那张纸放到了自己的口袋里。

我们在一棵树的下面,挖了一个小小的坑。我让他把写有坏习惯的纸条放进坑里,然后用土埋了。

我对他说:"过去那些坏习惯已经被埋葬了,过去爸爸妈妈不喜欢的语言和行为,也被埋葬了;以前老师批评的那些行为,也被埋葬了。以前我们批评的,不是你这个人,而是你过去的那些坏习惯。现在它们被埋葬了,我们重新开始好不好?"

在后来的训练中,这个孩子表现出了惊人的毅力,去改变自己的行为。到训练营结束时,他简直脱胎换骨,我给了他一块小小的金牌,叫最具成长力奖,他把这个奖牌戴在了身上。直到训练结束以后很多天,他身上都带着这块奖牌。这说明很多时候,我们眼中的坏孩子,其实是非常珍惜荣誉的。

之所以他们会一直表现得很坏很坏,是父母以前给他们的肯定太少了!

我后来了解到,这个孩子小时候,一旦犯错,爸爸妈妈的解决方法就是打。一开始是爸爸妈妈打,爸爸妈妈不在的时候爷爷奶奶打,爷爷奶奶不在的时候姑姑和姑父打。所以,他是一个被暴力侵犯的孩子,在他的内心世界,自己就是一个"小恶棍"。

而我通过让这个孩子在内心世界改变自己的形象,从而使他整个行为都改变了。

所以说,很多孩子看起来是坏孩子,其实是父母的教育方式出了问题,一步一步把他变成了坏孩子。

只要父母能够意识到自己的错误,先改变自己的行为,认真、耐心、积极地面对孩子,就什么都能改变。

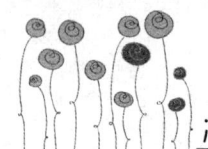 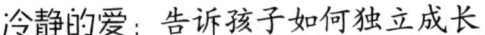

冷静的爱：告诉孩子如何独立成长

6. 我们可以给予孩子生命，但是无法给予思想

说实话，每一个伤害孩子的父母，过去，都曾经是一个受伤的孩子。但我们习惯用自己受伤的经验，去教育我们的孩子。

我在亲子课堂上这样说的时候，我旁边的一个小女孩小声地说："所以我妈妈经常打我。"

她的妈妈没有听到这句话，而我听到了。

其实孩子已经有了独立思考的意识，他们已经能够像大人一样去思考，去说话，但是大人还茫然不知。当我们意识不到孩子在人格上和我们平等时，说明我们还不是合格的父母。当我们意识不到我们应该用商量的语气和孩子沟通，而不是命令孩子成为我们想要的样子时，说明我们还不懂什么是教育。

我们国家的传统观念是：孩子是我的；孩子就应该听我的话。

Chapter1 孩子，我拿什么爱你

这种想法是错误的！孩子不是你的，孩子也不是"就应该听你的话"。

孩子是你的吗？

孩子从离开母体的那一刻开始，就是个独立的人，即使再小的孩子，即使需要父母的帮扶、抚育、呵护和教导，但他在人格上也是完全独立的。

纪伯伦有一首诗《论孩子》，摘录如下：

你的儿女，其实不是你的儿女。
他们是生命对于自身渴望而诞生的孩子。
他们借助你来这世界，却非因你而来，
他们在你身旁，却并不属于你。
你可以给予他们的是你的爱，却不是你的想法。
因为他们有自己的思想。
你可以庇护的是他们的身体，却不是他们的灵魂，
因为他们的灵魂属于明天，属于你做梦也无法到达的明天。
你可以拼尽全力，变得像他们一样，
却不要让他们变得和你一样。
因为生命不会后退，也不在过去停留。
你是弓，儿女是从你那里射出的箭，
弓箭手望着未来之路上的箭靶，
他用尽力气将你拉开，使他的箭射得又快又远。
怀着快乐的心情，在弓箭手的手中弯曲吧，
因为他爱一路飞翔的箭，也爱无比稳定的弓。

他的身体只属于他自己；他的灵魂也只属于他自己。

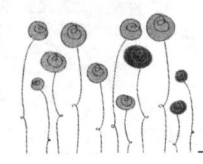

冷静的爱：告诉孩子如何独立成长

孩子不是属于父母的。孩子只是暂时居住在父母的家里，由父母抚育长大，但是永远不要忘记，时时刻刻，孩子都有自己独立的灵魂，独立的人格。

孩子不是我们的私有财产。

很多爸爸妈妈把孩子当成自己的私有财产，对待孩子只有爱，没有尊重。比如说，你是否给了他们足够的空间？是否允许他们有自己的隐私和自由意志？他们是否可以自由处置自己的财产（比如玩具，他们可以自己决定送谁或扔掉）？当你对他们的行为不能理解时，你是否会要求他们顺从你的意志？

这些问题能衡量你对孩子有多尊重。

尊重孩子，意味着要把孩子当成一个独立的人去尊重。但很多父母常常不懂尊重孩子。我常常听到有父母说：

"你有什么是我不能知道的？"

——这是不尊重孩子的隐私权。

"我不让你和她玩，你就不能和她玩！"

——这是不尊重孩子的交友权。

"我不让你做什么，你就不能做什么！"

——这是不尊重孩子的民主权。

"你有什么不是我给你买的，我凭什么不能处置？"

——这是不尊重孩子的财产权。

"你都是我生的，没有我就没有你！你凭什么不听我的话？"

——这句话最为严重，不尊重孩子作为一个独立人的人权。

当父母很轻易地说"你都是我生的，我要你怎么样就得怎么样"时，不仅是不尊重孩子，此时此刻，父母甚至没有把孩子当成一个人，而是将其当作自己的私有财产去看待。

有个孩子对我说,她非常爱她的妈妈,她也知道妈妈很爱她,但是——"她不尊重我的隐私权。在她面前我没有任何秘密。她一定要知道令我开心、不开心的每件事,甚至偷偷翻我的日记。我发现以后和她吵了起来。她对我喊'你都是我生的,你有什么是我不能知道的!'"

这个孩子说:"我非常爱我的妈妈,但是那一刻,她在我的眼里是个魔鬼。"

魔鬼,多么可怕的词!

"魔鬼"竟然和"妈妈"并排在了一起!

当父母不懂尊重孩子时,爱和仇恨就会同时在孩子心里滋长。父母永远不会明白,这种对父母爱恨交加的情感对孩子来说,是多大的煎熬。

我们可以给予孩子生命,但是无法给予他们思想。

孩子有自己的思想,他不需要任何人给予。

父母有责任引领孩子认识环境,认识社会,学习知识,学习规则,学习爱,和孩子一起交流思想。

但是这种学习和交流不应该是简单的"我说你听",而应是彼此交流,互相讲道理。

家长尊重孩子,首先要从尊重他的想法开始,人和人的相处都是以互相尊重为前提的,尤其是父母和子女之间,更需要这种尊重来维系双方的关系。

爸爸妈妈的无奈:孩子,我该拿什么爱你?

爸爸妈妈用金钱去爱你,给你提供最好的物质和学习条件,关心你的成长和健康,也关心你的能力、你的爱好、你的特长,但只有金钱是远远不够的。只有金钱并不能带给你真正的快乐,也不能让你成长为社会所需要的人。

爸爸妈妈用情感去爱你,呵护你、保护你、关心你,给你营造最温暖

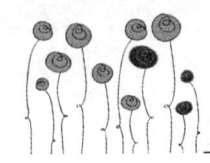

冷静的爱：告诉孩子如何独立成长

的家，但只有情感也是远远不够的。情感的爱，不能让你成为懂事的孩子，正所谓慈母多败儿，过多的呵护，会让你失去自主能力。

爸爸妈妈用时间去爱你，陪伴你，甚至忽视了爸爸妈妈彼此之间的情感，忽视了对工作的付出，但只有时间也是不够的。如果爱不够冷静理智，再多的时间也只是爱的浪费。

爸爸妈妈从金钱、情感、时间、身体、学习、心情、爱好等各个方面来爱你，为什么你还是不听话、不懂事、不成器？

孩子，我该拿什么爱你？

我的答案是：**用爱、用智慧、用时间和方法去爱孩子。**

有个妈妈对我说，她非常爱她的儿子，但是她和老公同样站在孩子面前（老公还站在她后面），在她张开手等着孩子来抱自己的时候，孩子却跑过去，绕过妈妈去抱爸爸。

这个妈妈问我：为什么？

其实是因为，在她的孩子心里，"爸爸更懂我"、"爸爸和我是一伙的"。

只有当你真正去了解、去认同你的孩子的时候，他才会把你看成和他是"一伙"的。

我们用爱，但应该是冷静的爱。

我们给予孩子的爱，常常太盲目了。我们以为爱孩子就是从孩子的身体上去呵护他，从金钱上去满足他，各个方面的事务我们都帮孩子打理好，但是这种爱是盲目的，这种爱和动物的爱没有什么区别。

从今天起，我们给予孩子的，应该是冷静的爱。这爱之中，有思考、有方法、有科学、有责任，是我们全部智慧的结晶。唯一没有的，就是我们的贪欲。

我们用智慧，应该是饱含情感的智慧。

什么是有情感的智慧？

"已识乾坤大，犹怜草木青。"

我们已经见识了世界的广袤，了解了世界的规律，对人生有了自己的体悟，对社会运行的规律有了自己的见解，这是我们的智慧。

将智慧沉淀下来，并且用爱把这种智慧带给孩子，去怜爱我们的孩子，怜爱他的聪明，也怜爱他的愚蠢，怜爱他的年轻，也怜爱他的幼稚。这才是饱含情感的智慧。

我们用耐心，时间是我们的耐心。

我们能给予孩子最好的东西是什么？

是耐心。

耐心地教导孩子，耐心地和孩子一起长大，耐心地宽容孩子的缺点，耐心地看待孩子和其他孩子的不同。

什么样的父母才能培养出杰出的孩子？

2014年我去石家庄讲课，接我的司机因为临时有事，我就自己叫了一辆出租车。

我在上车后，和司机简单地聊了几句，结果让我受用终身。司机问我是做什么工作的。

我说："我是一名老师。"

他又问："那你教什么课？"

我说："很多课，我今天要讲的是家庭教育课。"他说："家庭教育啊！那有很多地方要向你请教。"

于是我们聊起了他的孩子。聊的内容真让我非常吃惊，他有两个孩子，大的在美国读博士，享有美国政府给予的津贴，一个月接近4000美金；小的在西安的一所军校，毕业后直接就是中尉军衔。

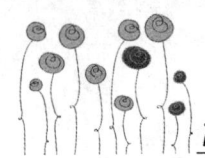
冷静的爱：告诉孩子如何独立成长

我问他是怎么教育出这么优秀的孩子的。

他说，他以前是个药厂的工人，现在退休了就弄了一辆车开出租。

开始我以为他的学历很高，结果他告诉我他只是初中毕业，孩子妈妈也没什么文化。从小到大，他们没有给孩子花钱补过一堂课。如果孩子放假时想玩，他们完全尊重孩子的意愿，从来不会阻止，不会逼着孩子在周末学习。但是从周一到周五，在上课时间，孩子非常认真。

更绝的是他培养孩子财商的方法——他鼓励孩子自己管理自己的零用钱，如果孩子想要什么东西，他就让孩子在纸上写下来，并说明有什么用处，自己准备如何去运用。

只要孩子写得有道理，不管他们手头多么紧张，都会给孩子买。到目前为止，孩子写过的纸条装了两大盒。

这两个孩子买的东西，从没有浪费过，每一样都物尽其用。

同时他们还培养孩子的孝心，周末带着孩子去双方老人家里，让孩子给老人按摩、洗脚、剪指甲，回家后还要写周记，写感受。

于是这两个孩子养成了自主学习、自我管理、管理金钱、孝顺老人等重要的行为习惯。

所以，不是只有高学历的父母才能教育出杰出的孩子。

只要父母懂家庭教育，培养出来的孩子照样很优秀。

写到这里我突然想起了一句话：王侯将相宁有种乎？只缘家庭教育之不同。

Chapter1 孩子，我拿什么爱你

7. 宝贝，对不起

很多人持有一个奇怪的观点，甚至我们从小到大接触的很多观点都是这样的：通过养育一个孩子，就能成为合格的父母。

这是不对的。成为合格的父母，往往要走很长的路，在这条路上父母往往是矛盾的：一方面希望孩子快点成长，快点成熟，能够独立；另一方面却不信任、不尊重孩子，认为孩子始终是孩子，现在行为有问题，以后进了社会就更糟糕。

父母常常以成年人的标准来要求孩子，但是又常常用孩子的标准去看待孩子。在教育子女方面，父母又何尝不是持着孩子的态度呢？

不许哭，不许发脾气，不许交坏朋友，不许撒谎，不许不听话，不许违反纪律，不许和别人不一样……

这些"不许"，往往贯穿了父母教育孩子的全过程。

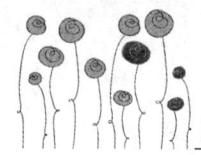
冷静的爱：告诉孩子如何独立成长

太多爸爸妈妈对孩子所谓的教育，只是一个"不许"跟着"不许"，一个"听话"跟着一个"听话"。

"不许"还有一个变化形式，那就是"不行。"

"我想去 A 大学，不是 B 大学。"
"不行。"
"我想看完电视再学习。"
"不行。"
"今天是星期日。为什么不行？"
"不行就是不行！我数到三，你把电视机关上回到你的房间去学习。"
"我想学艺术，不想学理科。"
"不行。"
"我能不去这个兴趣班吗？"
"不行。"
"那我可以换个兴趣班吗？比如街舞。"
"不行。谁家的孩子学那个？"

在我成长的那个年代，常常听到的话是"小孩就像树一样，必须由大人不断矫正，不然会长歪；必须由大人不断修整，不然长不高。"

几乎每个孩子都在被大人不断地限制、改造，不断地被矫正和修整各种行为，但是孩子长大以后，不照样是百花齐放、千姿百态吗？

幸福的孩子并没有变得更多，犯罪率也没有变得更少，尽管几乎每个孩子都经过了父母的悉心教导，但还是有很多孩子在长大后成了平庸而不快乐的人。

为什么人长大后会变得平庸？因为没有发挥出自己的长处。每个人都有自己的长处，只要发挥得当，变成社会意义上的"出色"的人并不是一件很难的事情。

为什么有些人长大后会变得不快乐？往往是在他们童年时，就失去了快乐的能力。

如果父母对孩子的教育，既没有帮助孩子认识、发挥、专注于自己的长处，也没有帮助孩子养成快乐的习惯和心态，那么这种教育无疑是失败的。

作为爸爸妈妈，我们是不是该反思下自己的教育？

我们本不应该对孩子进行过多的限制和干扰，因为孩子本来可以自主成长，父母只需要给个大致的方向，并在孩子迷茫的时候搭把手。

限制一个生命的自由成长是件非常可悲的事情。

学会了解你的孩子。有的人说孩子就是孩子，尤其是3岁以前的孩子，只要学着教育他就可以了，根本不需要费心思去了解他。

但是假如你在孩子很小的时候，在他需求最为简单、表达感情最为直接的幼儿阶段都不了解他，又如何在他长大以后需求变得更复杂、不再轻易表达感情时了解他？

如果你没有在孩子小的时候陪伴他面对快乐悲伤，了解他的心事，了解他生命中的每件小事对他的影响，当孩子长大以后，你又如何和他相处得亲密无间？

有一个孩子，在小学一年级的时候，就有了偷妈妈的钱去买零食的行为。爸爸妈妈采取的教育方式，就是打孩子。每次发现孩子偷钱，爸爸妈妈都会使劲地打孩子，还让他跪在地上写保证书。

但这个孩子偷钱的习惯并未改掉。

有一天，孩子的妈妈发现兜里的50块钱不见了。在多年以前，50块

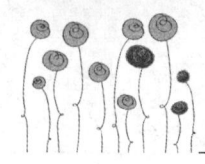

冷静的爱：告诉孩子如何独立成长

钱可不是个小数。家里只有妈妈、孩子和爸爸。

首先这个钱肯定不是爸爸偷的，那除了孩子还有谁呢？

于是这位妈妈就把这件事告诉了孩子爸爸，爸爸追问孩子钱去哪儿了。

孩子说他没拿。

于是这位爸爸在外面捡了一根棍子就开始抽打孩子，一边打一边问："到底是不是你拿的？"

最后棍子都打折了，孩子还是说没拿钱。

这时候爸爸妈妈更生气了，明明之前钱还在，一转眼的功夫就不见了，不是他拿的是谁拿的？

妈妈气得大声喊："难道这钱自己长脚了吗？"

然后这位妈妈也上来踢孩子屁股，开始和爸爸一起打孩子。孩子见状只能哭着说："是我拿的。我错了，别打了！"

结果孩子"承认"是自己拿了钱以后，爸爸妈妈更生气了，打得更狠了："就知道是你拿的。为什么一开始你不承认？为什么非要爸爸妈妈打你你才承认？"

就这样，两个大人打一个小孩，打了足足半个小时。这个孩子心中充满了委屈。

一个小时后，妈妈才发现：原来钱没有丢，自己的衣服口袋破了，钱从口袋的破洞掉进了衣服的缝儿里。

但是父母对这个孩子造成的伤害，已经无法挽回了。

多年过去了，这个孩子成了一名诈骗犯。

虽然他诈骗的金额不大，15万元，但对一个农民家庭来说，这是个需要整个家庭劳累很多年才能还清的数字。

这个故事从表面上来看，是孩子的父母可怜，事实上他们的孩子更

可怜。

有多少父母和故事中的父母一样,不相信自己的孩子?

有多少父母,没办法控制自己的情绪和行为,对孩子造成了伤害?

有多少父母,在误会了孩子、对不起孩子之后,不跟孩子道歉?

有多少父母,从来不知道反省自己的行为?

父母对孩子的影响是不可估量的。当孩子长大之后,我们再想好好教育他,再想弥补他小时候我们犯的错误,再想和孩子说对不起,已经来不及了。

宝贝,对不起

在我的教育课程中,很多家长往往课上到一半,就开始对自己的孩子升起愧疚之心。因为这时他们才意识到自己的错误,意识到如果能早点改正自己的教育方式,也许孩子现在的情况会好很多。

孩子的很多问题其实都是家长的问题。孩子不优秀、不聪明、不听话,很大程度上也是家长不懂教育造成的。

作为爸爸妈妈,如果能够在孩子青春期以前,上学以前,3岁以前,甚至更早,就开始反思自己的教育是不是成功的,自己的教育到底哪里出了问题,那么和孩子共同成长的道路是不是会顺利很多?

在江西九江市有一个妈妈,她有3个孩子,最小的女儿只有4岁。这位妈妈对自己的小女儿管得比较严,当孩子不听话,比如不按时吃饭的时候,就会打她。

每次妈妈打完孩子,孩子就会沉默,不和妈妈说话,最长的一次,一个星期都没有和妈妈说话。

她妈妈想不明白:一个4岁的孩子为什么会这么决绝?

当这位妈妈听了我的课程之后,她才知道打孩子是多么不应该犯的错。

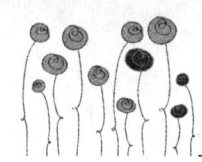
冷静的爱：告诉孩子如何独立成长

于是她回去，把孩子叫到跟前，认真地对孩子说："宝贝，妈妈其实想向你道个歉。妈妈错了，妈妈不应该因为你不吃饭就打你，妈妈知道你这几天心情不好。所以妈妈想跟你说对不起，也不知道你能不能原谅妈妈。"

当妈妈把话说完，你知道这个4岁的孩子说了什么吗？

她认真地说："妈妈，哪怕你打我一万次，我也会原谅你，因为我知道你是爱我的。"

一个4岁的孩子能够说出这样的话，这背后体现了什么？

我们很多时候，轻视了自己的孩子。虽然他们还是孩子，但是他们有时不止是个孩子。他们虽然很多事情还是依赖你，但是他们有自己独立的人格和尊严，以及感知父母内心世界的能力。

所以当父母改变自己的时候，孩子就能发生更大的改变。父母进步一寸，孩子能进步一尺。

Chapter 2

妈妈，你拿什么来爱我

我们拿什么去爱孩子？

妈妈要做的，是重拾对孩子的耐心，同时认真面对自己的内心，去克制自己的缺陷，在孩子的成长过程中，重新学会尊重孩子，学会放手。

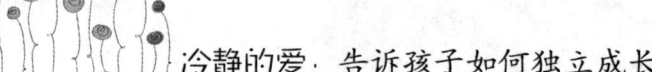

8. 妈妈，你还可以像我小时候那样有耐心吗?

你是不是也是这样的妈妈——

当孩子想对你说什么时，你常常认为已经知道他要说什么了，于是就不耐烦地打断他;

当孩子在讲他遇到的问题时，你不等他自己找到答案就迫不及待地告诉他你的答案;

当孩子犯了错，你没有耐心去倾听他犯错的原因，也懒得跟他讲道理，往往只会说一句"我说过什么来着？"然后单方面地等待孩子认错，自己改正。

……

天啊，我们的耐心去哪里了？

当我们说"爱"的时候，我们应该用什么去爱？

难道不是我们的爱心和耐心吗？

妈妈，你还能像我小时候那么有耐心吗？

我发现，所有的父母，在孩子婴幼儿时期，都是非常有耐心的，为了教孩子学一句话，可以重复几千遍；当孩子做错事情时，也不会怪他，而是耐心地帮助他改正；孩子说的每一句话，即使是我们完全听不懂的话，也会耐心地听，甚至和孩子鸡同鸭讲地聊天。

孩子小的时候，我们对他们是多么有耐心啊。回想在孩子婴幼儿时期，我们是如何对他们的？我们对他们的每个需求都认真回应，对他们的一举一动都保持极大关注。孩子皱下眉、哭了、挥动小手，都能吸引我们的注意力。

但是随着孩子不断长大，随着我们的工作越来越忙，生活负担越来越重，我们的耐心也在逐渐消失。

妈妈，还能认真倾听我说的话吗？

在生活中，我们的年纪越大、阅历越丰富，我们的耐心就越缺乏。

这是一个强调"快速"、"效率"的世界，无论是工作中、生活中，还是面对孩子时，我们都企图以最快速的方法解决问题。

我们面对孩子时，就像上级面对下属那样，总是居高临下的态度。面对孩子和我们的交流，我们也急切地回答、迅速地给出建议，我们懒得听孩子的想法，总是急于结束孩子的话语，甚至打断孩子的话，在不了解全部事实的时候就给出评价。这样的倾听，只是一厢情愿的输出，并不是真正的倾听。

骄傲、轻慢、缺乏耐心，这才是我们真正的倾听习惯。

冷静的爱：告诉孩子如何独立成长

当你的耳朵塞满棉花时，你怎么可能听到孩子的话？当你的内心之门未敞开时，你怎么可能和孩子好好交流？

通过"画外音"去倾听

不知道你仔细观察过没有，孩子在四五岁的时候，喜欢用"画外音"来表达，他们会用画去表达自己的内心。

在孩子画画的时候，我们不妨多问问孩子为什么要这么画。他的画其实传递了他的内心，通过画，我们能够看到他内心的窗口。

有一次我看到我弟弟的儿子在画画，于是就问他："这是谁啊？"

"这是我。"

我说："为什么你的脸是绿色的？"

"伯伯，他们都说我帅，绿色代表我帅。"

我觉得这很有趣，在孩子眼里，他觉得绿色很漂亮，所以绿色代表帅。

"为什么那半边脸是蓝色的？"

"蓝色代表更帅。"

"那为什么穿黄色的衣服？"

"伯伯，我妈妈说了，黄色衣服漂亮。"

"那衣服上的五角星又是什么呀？"

"老师说了要爱国，五角星代表国家。"

"那旁边有个桃心是什么意思？"

"代表了我爱妈妈。"

这多有趣啊，孩子的思想和情感其实很容易被发现，关键是我们有没有这个意愿去观察和了解他们。

妈妈，我希望你这样：

50

妈妈，请试着对我说"可以"

妈妈，过去你对我说过太多不行，从现在起，能不能试着对我说可以？

过去我们的教育，常常重点在如何和孩子说"不行"，如何阻止孩子，如何聪明地说"不"。

不能做这个，不能做那个，不能这样，不能那样。

父母一直对孩子说"不"，是真的爱孩子，想告诉孩子什么是正确的方法，还是怕麻烦？

我们往往忽略了：要让孩子自己去尝试，这才是最重要的。只有孩子自己去尝试，自己去发现，他才能形成自己的认知。

如果家长一直把孩子限制得死死的，那么孩子就不知道什么是能做的，他只知道什么是不能做的。他只会知道成功的滋味，因为可能的失败都被父母挡住了。孩子没有办法在失败中学习，也没有办法在失败中成长。

与其一直给孩子在成功、正确的路上保驾护航，不如不让孩子试试另外的方法、另外的途径，为什么不让他试试他那些错误的想法，让他试试他的"与众不同"的路？

就算孩子的想法是错误的，也要允许孩子自己去发现和改正。

妈妈，请耐心地和我交流

妈妈，你可能以为我经常无理取闹，其实不是这样的。我的每一个行为背后，都有我这么做的原因。也许是我不舒服了，也许是我感到愤怒，也许是我觉得失望，有挫败感，也许是我感到了危险，还有可能是我渴望得到你和爸爸的关心……但是你常常会把我的行为理解为无理取闹。

冷静的爱：告诉孩子如何独立成长

我们需要学会挖掘孩子行为背后的真实原因，孩子并不知道自己正在经历什么，他们不知道自己为什么会感到疼痛或者恐惧，所以只能想办法吸引父母的注意力，好让父母来帮助自己。

这时他们需要的，是妈妈能够耐心地和他交流。

交流是一个动态的、双向的过程，你说，我也说，我回应你的，你回应我的。

我发现，和孩子一起做一件事，边做边沟通效果是最好的。这时的气氛最轻松，孩子也最容易敞开心扉。

最坏的沟通是把孩子拽到面前，生硬地要求孩子回答自己的问题。"你说说为什么？""你说说这是怎么回事？""你说说你最近在想什么？"

天啊，这让孩子怎么说呢？交流可不是审判。

妈妈，请真正地接纳"我"

我就是我，我和别的孩子不一样，我也不需要和别的孩子一样。别人家的孩子再优秀，在你心里也不能取代我，是不是，妈妈？

对妈妈来说，真正的耐心是：

孩子，不管你是发脾气还是哭个不停，我都会理解你的情绪；

孩子，不管你想做什么，我都会理解你的愿望；

孩子，不管你做错了什么，我都相信你的本性是好的，你只是不小心做错了事；

孩子，即使你做错了事，还没有意识到自己的错误，还没意识到要改正，我也会保持耐心，并帮助你找到答案；

孩子，即使你和别人不一样，我也会理解你，接受你和别人的不同。

Chapter2　妈妈，你拿什么来爱我

9. 妈妈，有比成绩更重要的事吗？

我有个朋友，从小到大都是"别人家的孩子"，无论是学业，还是事业，永远保持最顶尖的状态。但是成年以后，他的父母就很少见到他，因为他总在忙。如今年过30岁，他既不结婚，也无法维持长时间的恋爱。

他太忙了，把所有的精力都投入到了工作中，却并不快乐。他对我说："这些年，时常有危机感。公司里优秀的年轻人非常多，他们让我有危机感；比我年长的、站得更高的上司，也让我有危机感。当我想要放松时，只要想到如果我不努力，马上就会被人追上甚至超过时，就会感到压力非常大。"

他就是这样成长起来的。他的成绩一直是年级前三名，而他的努力程度也超过了任何人。因为他的爸爸妈妈时常敦促他要努力，告诫他不要骄傲，他们最常说的话是："不努力，别人很快就会超过你了！"

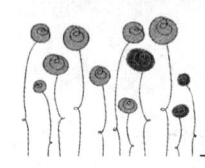

这种危机感从童年伴随他到成年。不断地比较带来的，是永不消逝的危机感。

妈妈，我的成绩对你来说有多重要？

我发现很多妈妈，虽然表面上认同学习成绩不是评价孩子的唯一标准，但在内心深处还是认为孩子的学习成绩最重要。

所有的事情都要排在成绩的后面。即使一个孩子在品德方面再高尚，在性格方面再完美，课外成绩再优秀……只要他的课堂成绩不好，也不会被认为是优秀的孩子。

用成绩衡量孩子的一切，正是我们的教育错误的源头，同时也是孩子不快乐的源头。

因为孩子是人，他们活蹦乱跳，有情感有思想，他们人生的丰富多彩，远不是一串数字能够衡量和定义的。

妈妈，有比成绩更重要的事情吗？

妈妈们，请回答一个来自孩子的问题：真的没有比成绩更重要的事情了吗？

答案是：有。那就是孩子的幸福。

幸福来自于什么？

它并不来自于成功，也不来自于财富，世界上最成功的人和最富有的人不一定是最幸福的人。幸福来自于内心的自我认同和满足感。

一个从小被教育成绩重于一切的孩子，很可能长大以后也常常有怕被别人比下去的危机感。

现在的中国父母常常会陷入一种错误的观念之中，并把这种观念灌输给孩子：如果你不能比别人考得好，以后你就不会有好前途；优秀就是超越别人。

这种教育造成的结果是，孩子的眼睛总是盯着别人，如果不能比别人好，他就不会感到幸福。

妈妈，我希望你这样：

妈妈，请不要再把我和别人家的孩子做比较

最好的父母，从不把自己的孩子和别的孩子做比较。

有一个调查，调查内容是人们最感激父母为自己做过什么事。

有一个选项的支持率非常高，那就是"从来不把我和别人做比较"。

最好的父母，不会把自己的孩子和别人做比较，他们不但能够欣赏自己孩子的优点，使他们认识到自己的特别之处，还会引导孩子学会欣赏别人的长处。

在这样的教育下，孩子往往会充满自信，同时又不会成长为只关注自己、自高自大的人。

他们能够让孩子感觉到：**自己是个有价值的人，这种价值不是因为他比谁优秀，而是他能够发挥自己的长处，用自己的力量去做有价值的事情。**

妈妈，告诉我有些事情比成绩更重要

有一天，我从外地出差回来，下班高峰时间打不到车，就坐地铁回家。坐在我旁边的是一个小姑娘和她的妈妈，小姑娘非常不开心，一直在默默地掉眼泪。

我听到小姑娘的妈妈在宽慰她。原来这个小姑娘刚刚参加了少儿钢琴比赛，只得了第三名。小姑娘很要强，就哭了。

小姑娘的妈妈劝了她一会儿，她还在默默地哭。

而后，小姑娘的妈妈对她说："童童，妈妈跟你说，妈妈让你学钢琴，不是为了让你比赛得第一，也不是为了考级。妈妈小时候非常想学钢琴，但是家里情况不允许。妈妈每天放学路过一家钢琴训练班，看到其他小朋友在练钢琴，听她们弹出好听的音乐，妈妈非常羡慕。妈妈让你学钢琴，

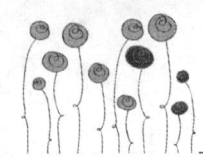

冷静的爱：告诉孩子如何独立成长

是为了让你享受妈妈小时候没有享受到的东西。如果你是为了比赛没有得第一而伤心，那就违背了妈妈让你学钢琴的初衷。妈妈希望钢琴能带给你快乐，这是妈妈小时候很想得到但是得不到的东西。妈妈还希望，如果有一天，你遇到了不开心的事情，而妈妈没办法陪在你身边，你可以把琴盖打开，弹一首你最喜欢的曲子，就好像妈妈还陪在你身边一样。我希望弹钢琴能够成为让你快乐的爱好，而不是让你超过别人的工具。"

我听了非常感动，也很高兴那个小姑娘有这样好的妈妈。

幸福的能力是非常重要的，这种能力既需要孩子自己去培养，也需要父母帮助孩子去养成。让孩子感到幸福，比让孩子考第一、超过谁重要得多。

Chapter2　妈妈，你拿什么来爱我

10. 妈妈，为什么一定要让我成为你希望的孩子？

妈妈的来信：为什么我的孩子总是和别的孩子不一样呢？

我儿子今年上高中，是很乖的小孩，成绩也不错，就是有点内向，可以说他在学习方面很少让我操心。但是这个孩子有一点让我发愁，就是他老和别人不一样。

例如，别的孩子放学以后，写完作业就出去疯玩了，而他总是在屋里闷着不出来。

别的这个年龄段的小男孩可能会喜欢偶像、喜欢女孩子、喜欢军事，而我的孩子特别喜欢尸体，他对人死了以后的事情特别感兴趣，收集了很

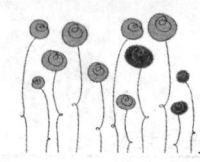

冷静的爱：告诉孩子如何独立成长

多尸体的照片，买了很多类似于《法医学》《女法医手记》之类的书。

平时他最爱看的电视剧，是《汉尼拔》《犯罪心理》和《嗜血法医》，来来回回地老是在看这几部。

有一次我翻开他买的那些书，上面密密麻麻的都是他划的重点，旁边还有他的笔记。如果孩子以后想做医生，我不反对，但是如果他做法医，成天和尸体打交道，那怎么得了？

我该如何让他放弃这些特殊爱好，把他变成一个普通孩子？

当孩子渐渐长大，开始变得让人难以理解时，很多父母都会产生三重恐慌：

第一重恐慌：失去了对孩子爱好和思想的掌控

父母不了解孩子，不知道孩子喜欢什么，也不知道孩子为什么喜欢那些事物（往往孩子喜欢的东西都是父母觉得不可理喻的）。

"我失去了对孩子爱好和思想的掌控。"这是第一重恐慌。

第二重恐慌：失去在孩子面前的权威形象

孩子小的时候，大多数知识都是由父母传达给孩子的；孩子上学以后，即使知识和信息不是由父母亲自来教授和传达，但父母对其也并不陌生。

但是随着孩子越来越大，父母会发现孩子喜欢的、关注的事物，变成了他们不了解的东西。

孩子喜爱的事物，对父母来说是全新的。

"当孩子喜欢了我不了解的东西时，我就觉得自己无法维持权威形象了。"这是第二重恐慌。

第三重恐慌：害怕孩子玩物丧志，或者无法带来家长认可的利益

有些妈妈的恐慌是因为怕孩子玩物丧志而产生的，还有些是和上文

那位来信的妈妈一样,担心如果孩子继续喜欢尸体,立志当法医,就会走上自己并不看好的道路,换言之,就是无法带来自己认可的利益。

在妈妈已知的生活经验里,不知道孩子的这一爱好是否有必要继续,能否带给孩子美好的未来。

"我害怕孩子玩物丧志,也害怕孩子喜欢的东西没有办法带来我认可的利益。"这是第三重恐慌。

妈妈,为什么一定要让我成为你希望的样子?

从表面上看:你的孩子和别的孩子不一样,他喜欢别的孩子不喜欢的东西。

但从本质上讲,是我们无法接受孩子变成他自己所希望的样子:自己了解的、在自己的经验中正确且成功的样子。

妈妈害怕失去对孩子的掌控,害怕无法延续权威的形象,害怕孩子的未来脱离自己的掌控……这才是妈妈们真正担心的。

这些未知带来的焦虑,对爸爸妈妈来说是很严重的事情。

其实我们应该明白:孩子是独立于父母的个体。孩子的未来,会受到家庭、父母以及学校教育的影响,但是最终,还是取决于他自己。

每个孩子的未来,都是他自己的,我们越多地干涉,就越多地使孩子丧失自己探索未来的可能性。

父母的干涉,不仅不能使孩子改变航向,还会使自己和孩子之间的距离越来越远。

每个孩子,都只是他自己,都是不同的,所以你的孩子当然有可能和别的孩子不太一样。

我们能做的是什么?

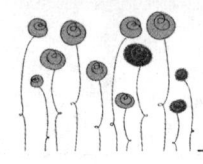

妈妈，你能不能克服自己的焦虑？

孩子，作为你的妈妈，我会努力克服自己的焦虑。

与其强行使孩子改变其爱好，父母不如从克服焦虑、接受孩子的不同开始。

接受每个孩子的个性，接受孩子有自己的喜好、愿望、性格、理想。有首诗这么写道："孩子能够去的，是我们永远也到不了的明天。孩子的未来，可能是我们永远也无法触碰的未来。"

而我们能够做的，就是让孩子变成他喜欢的样子，在可以陪伴他的时候，陪在他的身边。

妈妈，能不能把决定权还给我？

妈妈只给你建议，但是决定权永远在你的手里。

作为妈妈，能够提供给孩子的，就是自己的建议。我的建议是从母亲的角度出发，以过去的生活经验为基础，以自己的人生阅历为准绳，并最大限度地融入自己的智慧。

但是，决定权仍然在孩子的手里。

这是妈妈对孩子的最大信任和尊重。即使孩子的选择和自己的建议不一样，也要表示祝福、接受和支持。

妈妈的回信：我在和他一起看《嗜血法医》

以前，当我看到孩子在网上搜尸体的图片、看那些血腥的电视剧时，我都会表现出不高兴。不过我决定先克服自己的焦虑，因为我想更了解他。

我先是从网上给他买了宋慈的《洗冤集录》，当然，我事先做了功课，觉得这本书他应该会喜欢。当我把书拿到他面前时，他的眼睛都亮了。

后来我和他谈了很多，关于他的爱好，他对尸体的兴趣，他对探索死

亡的看法……以前他从没跟我说过这么多话。

他对我说,他还没想好以后要做什么,以后并不一定要当法医,只是对此很感兴趣,觉得那是另外一个领域的知识。

我对他说:"虽然妈妈不喜欢这些,但是妈妈支理解你并支持你的喜好。不过妈妈希望你能够慎重考虑自己的未来。"

他表示同意,并和我说那是很遥远的事情,但是他在做任何决定之前,一定会参考我的意见,并慎重考虑。最后我们一起看了《嗜血法医》,我发现原来还挺好看的。

11. 妈妈，为什么你不懂尊重我？外公外婆也这么对你吗？

曾经有位妈妈对我说："为什么我的孩子总是喜欢把自己关起来？我的孩子今年上高二，性格比较内向，也不够独立。不知道从什么时候开始，他每天回家都要把自己关起来，也不知道在屋里干什么。我很想和他多交流，但是他不给我这个机会。我有好几次假装和他说话，然后离开他房间的时候把门留着，可是我刚走出几步，他就把门关上了。最后，孩子还在门上贴了纸条：请随手关门。我不知道孩子是怎么想的，为什么要和我们隔绝？每天都关门，不是太冷漠了吗？明明没有人去打扰他。我该怎么开导他？"

听到这个问题，我觉得非常吃惊和难过，吃惊的是，很多孩子已经成长了，但是妈妈没有跟着成长；难过的是，妈妈还没有适应孩子长大后的规则，但是孩子已经在为了这个规则反抗了。

成长是件很累的事情，对孩子来说是这样，对妈妈来说也是。

做别人的妈妈，也许是世界上最难的职业了。难度不仅仅来自于为人父母的辛苦和压力，更重要的是，很多时候，作为孩子的妈妈，我们并不知道该怎么去做，该怎么去爱孩子。

随着孩子的成长，妈妈也必须实实在在地跟着孩子长大。

在孩子两三岁的时候，妈妈常常不尊重孩子（其实这个时候孩子也是需要尊重的），孩子也不太会反抗；但是随着孩子越来越大，有了自己的意志，爸爸妈妈还不懂得尊重孩子，还用他小时候那一套对付他，双方的矛盾当然就会产生！

妈妈们可以试着回想自己的童年，爸爸妈妈是如何对自己的？自己的感受又是怎样的呢？

我们的矛盾：既希望孩子赶快独立，又希望孩子可以 100% 地依附我们。

成长必然会带来改变，如果一心想要孩子变成以前那样（也许是几岁时候的状态），其实是妈妈的贪欲在作怪。我们既希望孩子长大独立，又希望他们 100% 地依附于我们、听我们的话，这是何其矛盾啊！

孩子长大了，我们要学会尊重他们，允许他们有自己的空间，有自己的秘密，有自己的隐私，我们要学会尊重他们的需求，并且注意在外人面前给他们留面子——有时，我们甚至需要像尊重一个外人那样去尊重孩子。

改变孩子，使他不关门的方法有吗？

当然有啊，有无数个方法可以强迫孩子把门打开，但是你强迫得了一时，却强迫不了一世。如果我们现在强迫孩子，孩子一旦能离开这个家，可能就再也不想回来了。

任何事情都要付出代价，不尊重孩子的存在，要付出的代价，常常比妈妈们以为的要大。

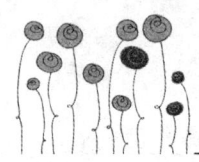

冷静的爱：告诉孩子如何独立成长

妈妈，可以给我拒绝的权利吗？

尊重是给孩子拒绝的权利。

上文那个孩子，在他妈妈面前关起一道门，妈妈认为这是"冷漠"的表现，而我则认为，那道门，其实是孩子在争取属于自己的权利。

那道门，叫作拒绝的权利。

当我们去别人家的时候，首先要敲门，由别人给我们开门，我们才能进去。因为别人有拒绝你进去的权利。

别人拥有拒绝我们的权利，但是没有拒绝我们进去，这才是真正的欢迎。

给孩子关上他的门的权利，实际也是给孩子拒绝我们的权利。当孩子拥有拒绝我们的权利，还向我们敞开门的时候，他才是真正地欢迎我们。

妈妈，可以不对我进行情感绑架吗？

尊重是不对孩子进行情感绑架。

不要说"我们这么辛苦都是为了你"、"爸爸妈妈为了谁这么累"、"爸爸妈妈为你付出是心甘情愿的……你忍心不听话吗？"

这种情感绑架，一开始会使孩子升起愧疚心，觉得自己对不起父母，但是时间长了，反而会引起孩子的反感。

任何时候都不要指责孩子"不知感恩"、"白眼狼"，殊不知，感恩是一种发自内心的行为，而不是通过父母的情感绑架和道德绑架产生的。

不要打着"我是为你好"的旗号，干涉孩子的自由，侵犯孩子的隐私，甚至对孩子进行打骂和侮辱。不是所有的错误行为都能用"我是为你好"来遮掩的。

妈妈，可以让我拥有隐私权和名誉权吗？

尊重是允许孩子有隐私权和名誉权。

很多妈妈喜欢随意把孩子的糗事当成笑话说，常常孩子已经明确表示不高兴了，但她们还是乐此不疲。

Chapter2　妈妈，你拿什么来爱我

如果孩子有事不想让别人知道，要帮孩子保守秘密。同时也不要说孩子"开不起玩笑"，事实上孩子也有自尊心，任何建立在对方不乐意的基础上的玩笑都是对他的不尊重。

孩子的隐私权常常被我们忽视，有的父母认为孩子是自己养大的，根本不该有隐私，还有的父母认为"你一个小孩子能有什么隐私"。

如果想了解孩子，那就真诚地和孩子沟通。如果沟通不了，说明大人需要反思自己的行为。

不要为了了解孩子，就偷看孩子的日记，也不要偷看孩子的信件！

同时也要尊重孩子的名誉权，不要随意地评判他们，尤其在外人面前。我们在生活中常常会看到这样的情况：两个家长聚在一起，两个孩子其中一个成绩更好，成绩略差的家长就说："你家孩子比我家孩子强多了。"

成绩略好的孩子的家长就会谦虚地说："还是你家的孩子好，你家孩子才是我们家××的榜样呢。"

类似上述的大人间客套的言语，牺牲的往往是孩子的快乐。

当然，家长也不能在孩子毫无准备的情况下，忽然让孩子表演才艺，比如唱歌、跳舞、背诗、弹琴等。有的家长为了显示自己的孩子有才艺，往往逮着机会就让孩子表现，常常孩子很尴尬了，大人还毫无所觉。

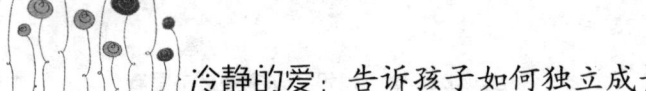

冷静的爱：告诉孩子如何独立成长

12. 妈妈，这个我能做！

我常常听妈妈们抱怨：孩子越来越不给她们包办的机会了。

有位妈妈对我说："孩子今年上小学四年级，现在的孩子不同于我们那时候了，虽然才上小学，但是她的学习非常紧张。作为妈妈，我能做的就是让孩子毫无负担地学习，所以我就包办了孩子所有的事情。我对孩子说：你的任务就是学习，其他的爸爸妈妈替你做。

"我替孩子洗衣服，每天早晨把牙膏给她挤好，饭给她做好，叫她起床后给她叠被子。但渐渐地我发现，她很反感我替她做事情。如果我替她挤了牙膏，她会冲掉自己重新挤。早晨即使时间很紧张，我让她去刷牙，我来叠被子，她也是冷着脸自己叠被子。我替她洗内衣，她也非常不乐意，甚至把内衣藏到我找不到的地方，留着自己洗。我非常困惑，怎么我帮她做事还帮错了？"

我帮孩子做事还帮错了？这是很多妈妈的困惑。但是孩子真的需要你的帮助吗？妈妈的包办，其实是在溺爱孩子。妈妈包办一切，使孩子丧失了自主能力。

妈妈，我也需要成就感

成就感是所有人都需要的，孩子也不例外。孩子希望父母能够认可自己，即使他们有时候的表现并不能让父母满意，但其实这并不是他们的真实意图。比如你不允许孩子做某件事情而孩子非要去做，实际上，孩子的这种行为是为了得到你的关注和回应，他们认为自己做了父母不允许的事情，父母就会在第一时间将注意力集中到自己身上。

除了想被父母认可，孩子还希望能被父母了解。当孩子感到父母真正了解了自己，他们会主动去学习、同他人协作以及关心他人。辱骂、强制命令或者暴力伤害只会适得其反。

妈妈，你越控制，我就越想反抗

没有人喜欢被他人控制，孩子也一样。父母越试图去控制孩子，就越容易引起孩子的反抗，越容易与孩子发生争执。"让孩子独立制订所有规则"这种方法我并不推荐，父母在和孩子谈话的时候可以使用一定的谈话技巧让孩子去做某件事情，避免引起孩子的反感。希望能够帮助到父母并取得父母的赏识是孩子普遍的需求，对此，父母应该学会满足，并且让孩子有一个独立自主的空间。

妈妈，请让我拥有自己做事的权利

当孩子完成一件力所能及的事情后，他的第一反应往往是去看妈妈的反应，为什么？因为孩子希望妈妈能够看到自己的成就，能够给予自己鼓励，能够给予自己夸赞。这还不能说明妈妈在孩子心中的地位吗？

爱孩子，就不要剥夺他独立的快乐；爱孩子，也不要吝啬于给出你的赞赏。

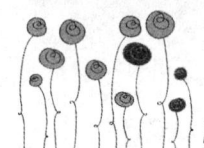
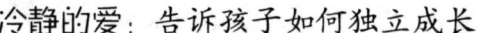

13. 妈妈,请冷静地爱我

我们往往教给孩子知识,却没有带给孩子智慧。

很多爸爸妈妈把知识多当成有智慧,这是一种错误的观念。

在这种错误观念的影响下,很多父母希望自己的孩子知识多,于是拼命往孩子头脑里灌输知识,所以现在的小孩都掌握了大量知识。

我见过一个孩子才 4 岁就认识 1500 个字,很多孩子在幼儿园就会背三字经、乘法表。但是这些知识,你随便打开书、打开电脑就能得到。

智慧不取决于你有什么知识,而取决于你会如何运用这些知识。要使孩子有智慧,需要给他空间,不要用知识把他的世界塞满。

冷静的爱,是放下贪欲

我们对一个人爱得越深,对他的期望也就越高;对一个人爱得越深切,对他的掌控也就越紧,我们把这种控制叫做负责,把这种欲望叫做期望。

这些爱,其实都是我们贪欲的化身。

孩子需要的不光是来自父母和老师的教育,在他们的成长之路上发挥最大作用的是他们的自我学习和自我教育。

正是因为很多父母心存贪欲,才会把自己的意志强加给孩子,使他们成为我们"爱"的人质。

"因为爸爸妈妈很爱你,所以你必须很优秀,否则爸爸妈妈就会感到焦虑。"

"因为爸爸妈妈很爱你,所以你必须努力,否则爸爸妈妈就会感到不安全。"

"如果你没有比别人更强,我怎么能安心?"

这种爱不就是完完全全的贪欲吗?

当孩子接收到父母的贪欲时,他就没办法做个快乐的小孩——他成了父母欲望的一只蚂蚱,被父母的爱牢牢地拴住,既没有办法自由,也没有办法成长。

父母只有把自己教育好,教育的成果才会显现出来。

孩子就像鲜花,父母就像根茎,一味要求鲜花美丽,其实是本末倒置。

只要根茎长得好,营养充足,鲜花自然会盛开。

冷静的爱,是放下情绪

出于焦虑和愤怒,我们惩罚孩子,责备孩子,把各种问题安在他们身上,既看不到他们的喜怒哀乐,也不关心他们的真实需求。

孩子的每一个错误,都会引起我们内心莫大的焦虑。

冷静的爱,是放下情绪,以平和的心态面对孩子,既不漠视孩子的错误,也不过分放大他们的错误。

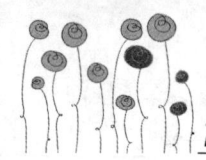

冷静的爱：告诉孩子如何独立成长

冷静的爱，是放下自我

我们致力于把孩子变成我们希望的样子，但是我们管得越多，孩子就越容易变成我们最不希望的样子。

这就是作用力和反作用力。

我们管得越多，孩子就越像我们人格中最坏的那部分。

为什么不能让孩子自由成长？为什么一定要让孩子成长为我们想要的样子？

冷静的爱，是学会放手

妈妈们，可以给孩子犯错和尝试的机会吗？

在孩子的成长过程中，妈妈们最重要的一个目标是：让孩子独立。帮助孩子成为有思想、有见识的独立个体，使他们有一天离开我们时，能够独当一面地去生活。

这意味着，我们不能总是把孩子当成我们羽翼下的小鸟，不让他去见识外面的风雨；不能因为怕错误和危险，就不允许他们去尝试；不能因为心疼他们，就不让他们经历各种问题，经历内心的挣扎。

孩子往往在错误中成长得更快，在挣扎中更易独立，父母不能剥夺孩子犯错和挣扎的机会。

Chapter 3 爸爸，你拿什么来爱我

在中国的传统观念中，男主外，女主内，相对于母亲而言，父亲常常是工作繁忙、应酬多多，所以父亲对孩子成长过程的参与，是非常有限的。

中国大多数家庭都是母亲照顾孩子的日常生活，而孩子偶尔同父亲在一起，更多的是玩耍。

在和母亲相处的过程中，孩子学会了基本的生活能力，学会了如何和别人相处。

但是，有的时候，孩子更需要爸爸！

如果爸爸不懂得如何去教育孩子，那么孩子的精神世界就会有所缺失。

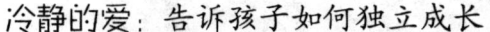

14. 爸爸，很多时候我更需要你!

在孩子眼中，父母都是非常了不起的，爸爸妈妈似乎无所不知，无所不能，尤其是爸爸，在孩子的眼里，爸爸简直像超级英雄一样。

我们的传统观念认为：妈妈相夫教子，爸爸赚钱养家。

虽然从表面上来看，母亲在孩子的成长过程中起到了关键作用，但其实父亲能够发挥的力量不亚于母亲。只是父亲的影响更加隐性，不容易被察觉。

爸爸妈妈，是孩子的"天"与"地"。我们头顶的是天空，脚下踩的是大地。在《易经》中，地是坤，它代表女性，代表了家庭中的妈妈；天是乾，在家庭中，天代表了爸爸。

在家庭教育中，爸爸和妈妈的影响就像天和地一样，是同时存在、互相影响、互相作用的。如果天地失衡，天地交战，对中间的人——孩子来说，

是非常可怕的。

天代表人的精神世界,地代表人的处世之道。

天和地的共同作用,会影响孩子的系列观,系列观是孩子在天地之间生存的最重要的几个"观":价值观、家庭观、爱情观和求学观。

其中最重要的是价值观,价值观是一个人判断是非对错的根本标准。比如,有的家庭对孩子的影响,是使孩子把金钱放在第一位,那么当这个孩子长大,就会为了金钱抛弃一切。

家庭观决定了一个人对家庭的认知。

父母同时还会影响孩子的爱情观和求学观。

这些"观"共同决定了孩子长大以后会如何选择,如何生活。

爸爸,你意识到自己的教育责任了吗?

很多爸爸意识不到自己在教育孩子上应该承担什么样的责任,只有当孩子出现问题的时候,爸爸才会问:到底为什么会这样?

有一位姓刘的爸爸,他的孩子今年13岁,曾经是一个非常优秀的孩子,但是因为这位爸爸长期做生意没有时间照顾他,就把他放在了一所私立学校进行学习。结果这个孩子,不仅没有学习好,还因为父母陪伴的缺失,养成了一些坏习惯。

就在2014年,这个孩子竟然在本县偷了17部手机,并把偷来的手机分给班上的同学——跟他玩得最好的17个人一人一部,他自己却没有留。

等到这件事被发现后,他面对警察、面对老师和校长的时候,竟然泰然自若。

校长非常震惊,他问我:"为什么这么小的孩子,面对这么大的事情,竟然如此淡定?"

这样淡定的原因是什么?校长百思不得其解。

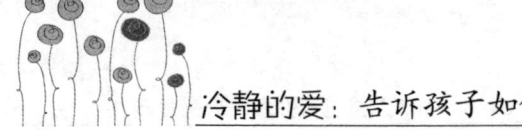
冷静的爱：告诉孩子如何独立成长

我和这位校长进行了沟通，就这个孩子的问题进行了多方面的分析。

首先，这个孩子一定是极其聪明的，也就是说他的智力在同龄人的智力之上。他的智力造就了他的早熟。后来我了解到，这个孩子象棋下得特别好，他的象棋是和他的爷爷学的，他参加过青少年象棋比赛，在江西省九江市拿了第一名。

其次，这个孩子在成长的过程中，一定受到过很严重的挫折，这种挫折一定是来自于他的父亲。

后来通过和孩子爸爸交流，我了解到他对孩子的教育方式孩子简单粗暴。因为他长期在外面做工程，非常忙，每次听到孩子又出问题的时候，他就会飞到学校，狠狠地责骂他、打他，打的时候还伴随着暴力威胁："下次你再敢这样，我就打断你的腿！"

这种暴力性的教育方式使孩子内心受到了很大的伤害。同时，他的这些叛逆行为，使得他身边的人开始带着有色眼镜去看他，用负面的语言去评价他，这更加速了他的自暴自弃。

既然没有人看得起他，他索性就一路堕落下去。

这个孩子面对这种情况为什么会如此淡定？因为他内心并不把自己当成一个小偷，小偷是可耻的，但是他觉得他偷手机不是为了自己，他把偷来的手机分给了其他人，这样责任就不光在他一个人身上了。因此，第一，他不觉得自己责任很大；第二，他不觉得自己的行为是丢人的事情；第三，一个小小的孩子能偷这么多手机，他也觉得这显露了他的聪明和智慧。

虽然这个孩子身上的问题很大，但是他本身的恶意并不大。如果因为他的行为就单纯把他判定为问题少年，直接把他送进少管所，这个孩子很可能就会毁了。

我认为，不能从表面的行为就断定这是一个坏孩子，这是一个不可救

药的孩子。任何孩子都是可以挽救的,应该给孩子一次机会。

于是在学校和孩子的爸爸解决了赔偿和法律上的问题后,我把这个孩子直接领到了我的两个助理身边。他们按照我的教育方式,对这个孩子进行开解和改造。

这个孩子表现得非常好,不到两个月的时间,可以说是脱胎换骨。

光改造孩子是不够的,更重要的是改造他的爸爸。

我对孩子爸爸的要求是,当他再次面对孩子时,无论是面对面,还是打电话,只能用三种语气和孩子说话。

第一种,柔和地沟通。平时和孩子说话,不可以动不动就批评孩子,要关心孩子,用柔和的态度和孩子说话。

第二种,轻快地交流。有时需要像朋友那样和孩子相处,过去,这个孩子的爸爸将演"严父"这个角色扮演得太久了,以至于孩子和他从来没有像朋友那样交流、交心过,现在是改变的时候了。

第三种,庄重地教诲。当孩子犯错了,当父亲需要教育孩子的时候,不可以再像过去那样声色俱厉地批评甚至殴打孩子,这些绝对起不到教育的效果,还会让孩子离你越来越远。所以,要把过去棍棒教育改成更温和、严肃的教诲。

后来这个爸爸学会了,他给孩子打电话都是采取这种沟通方式:"我听说你最近语文进步很大。""老师告诉我,虽然你最近表现一般,但是你的数学潜力他已经发现了!"

这种简单的赞扬,是这个孩子以前从来没有听爸爸说过的!

这个孩子从小到大很少得到父亲的肯定,所以当父亲发生改变,孩子的改变就会更大。父亲对孩子的影响,就是这么大。

就这样几个月以后,当看到孩子发生翻天覆地的变化时,爸爸竟然当

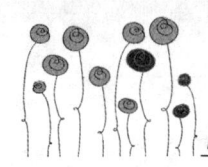

着我的面哭了。

爸爸，你真的会"爱"吗？

曾经有个父亲带着他的孩子来找我，他的孩子已经18岁了，但还在上初中。

为什么18岁还在上初中？因为他上初一的时候，辍学了很长时间。导致辍学的原因是早恋，而他的父亲又不懂如何和他沟通，所以采取了非常强硬的方式——要求他同那个女孩永远不联系。当时这个孩子正处于叛逆期，对于父亲的行为感到非常愤怒。从小到大，只要他犯了什么错，父亲就会使用简单粗暴的语言来对待他，从不会和他沟通或者谈心。

现在这个孩子对自己的父亲充满了仇恨，他偷偷地在床下藏了把砍刀，父母发现后问他要干什么，他说想杀了父亲。

当我见到孩子的父亲时，我从他脸上看到的是深深的无奈和忧伤。

孩子的爸爸说："在我的企业，六七百名员工，我都可以管得服服帖帖。却唯独管不了我的儿子。"

从他的话语里，我感觉到这位父亲急需帮助。

当我见到这个孩子时，才发现他并不像他父亲所说的那样。不知道为什么，这种情况我经常会遇到：每次孩子的父母跟我描述完孩子种种不良行为之后，我见到的绝大多数孩子并不像其父母所形容的那样。

看到这位18岁的少年，我发现他除了有点虚伪、喜欢装深沉之外，并没有什么大问题。后来我让这个孩子来参加我们为期3天的家政班。在家政班上，他的母亲和他一起来了，我让他同他的母亲一起做义工，在做义工的过程中，他发现了自己的不足，了解到自己有很多地方需要改变。

他在3天义工结束之后，便下定决心要改变，并且经常到我们公司和老师沟通，在很短的时间里，变化很大。没过多久，他就回到了自己家中，

平静地生活了一段时间。

因为他当时上初三,学习比较紧张,有天作业做完了,他妈妈觉得反正今天作业做完了,想让他放松一下,就让他玩会儿电脑游戏。

那天孩子爸爸多喝了一点儿酒,回家以后看到孩子在玩游戏,就生气地说:"你就知道玩!这么大人了,就知道玩游戏!你这18年白活了!"

这个孩子晚上哭着给我打电话:"詹老师,这么多年,我爸终于说出实话了。他终于说出实话了,他就是觉得我是废物!他就是想让我死!"

对爸爸来说,他可能不把自己的话当一回事,他认为自己只是在教育孩子,可能喝多了,方法过激了一点儿。但是孩子收到的信息是:你希望我去死。

这个孩子哭着对我说:"老师,我现在就想知道,从18楼跳下去是什么感觉。这一辈子,我一定要体验一下。"

我对这个孩子说:"如果你一定要体验跳楼的感觉,你可以去玩一次蹦极。"

有时,我们好不容易把孩子调整过来了,但是回到家中,他又很快受到伤害。有的孩子会给我发微信说:"老师,爸爸又打我了。妈妈拦也拦不住。"

父母不知道,自己对孩子的影响有多大。

家庭对孩子到底有什么影响?其实我们首先要讨论的是:家庭对一个人,到底有什么影响?

就是因为我们没有考虑过这个问题,我们才会凭本能去教育。

我们管不住自己的嘴,管不住自己的动作。

一个家庭,仅仅靠妈妈的教育、妈妈的改变,是远远不够的。爸爸也需要改变,无论是从心理,还是从语言和行为,都需要认真地反省和改变。

 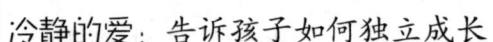

冷静的爱：告诉孩子如何独立成长

父亲在孩子成长中缺位会导致什么后果？

如果在一个孩子的成长过程中，父亲没有参与，或者母亲过于强势，导致父亲的存在感变弱，那么这个孩子长大后，就会出现很多问题。

研究表明，在成长中父亲缺位的女孩会变得更强势，表面上更男性化，但是她们的内心也会更脆弱。她们从母亲那里学到了如何建立亲密情感，但是没有学会相处的规则，以致无法长时间维持亲密情感。

而成长过程中父亲缺位的男孩，会变得更女性化，性格会更懦弱，在遇到难题时，会更倾向于逃避，倾向于从其他人那里得到庇护，就像从他妈妈身上得到的那样。男孩会从妈妈身上学到温柔，但是没有父亲带领他学会担当，他就会变得软弱。

爸爸，可以带我一起去探险吗？

父亲在同孩子玩耍时会制订游戏规则，要求孩子按照规则进行游戏，有时也会进行一些冒险性的游戏，这是母亲无法给予孩子的，这些游戏能让孩子更好地发现和克服自身的缺点，也会加强孩子的规范意识。研究发现，父亲对于孩子的独立能力、抗压能力有明显的影响。所以，父亲经常同孩子玩耍是非常必要的，父亲在玩耍过程中还扮演着导师的角色，让孩子能够在玩耍过程中学到更多东西。

爸爸，可以认真回应我吗？

曾经我也对自己的孩子漫不经心。从我家常常可以看到飞机，有天我的孩子说："爸爸，看，飞机！"

要是平时我会头也不抬地敷衍着说："嗯，飞机。"或者假装很热情地说："哎呀，飞机啊。"

可是那天，我鬼使神差地走到窗前，认真地观看那架飞机，然后我对孩子说："爸爸看到了，飞机真的好漂亮啊！拖尾的痕迹真的好酷啊！"

我的孩子眼睛闪闪发光地看着我说:"爸爸我好爱你啊!"

我非常高兴,因为那是孩子发自内心的表达。我也非常羞愧,原来我的认真倾听,能够给孩子带来那么大的快乐,可是我以前却忽视了,从没有真正走进过他的世界。

看孩子看的风景,体会他体会的感情。

爸爸,可以给我表现爱的机会吗?

孩子也需要表现爱。

但我们对孩子的爱常常是"不需要回应"的,我们单方面地输出爱,帮助孩子做所有事情,不给孩子回应我们的机会。

从现在开始,爸爸们,可以给孩子一个机会表达爱吗?

我的秘诀是适量"示弱",给孩子在你面前扮演英雄的机会,给予孩爱你的机会。

即使爸爸所有都可以做得很好,也要偶尔假装做不好,让孩子来帮助我们做。当孩子做成一件我们做不到的事情时,我们就要给予热情的鼓励,孩子的积极性会变得更高,他的自我认同也会由此建立。

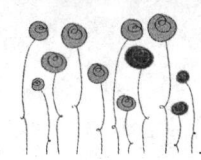 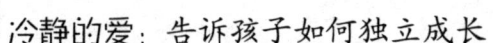
冷静的爱：告诉孩子如何独立成长

15. 爸爸，你的爱真的纯粹吗？

我发现：不光是妈妈，爸爸的爱，也常常输给"爱面子"。

爸爸的爱，也常常充满了傲慢和轻率。

人无完人，爸爸们的私欲，在我看来是非常正常的。但是为人父母，我更愿意给孩子纯粹的爱。

我也是爸爸，我更希望我的孩子能够得到我纯粹的爱，在这个过程中，我需要不断和我的傲慢、轻率、懒惰等习性做斗争。

那么，什么是爱？

LOVE 的含义

什么是爱？LOVE，其中的每个字母都代表了一个单词，我认为，爱是 L（Listen）——倾听，O（Owe）——感恩，V（Value）——价值，和 E（Excuse）——原谅。

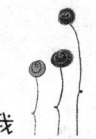

Chapter3　爸爸，你拿什么来爱我

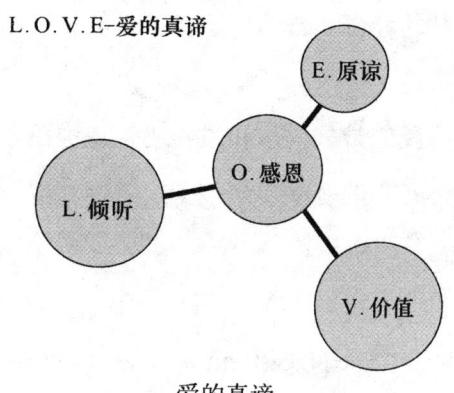

爱的真谛

L（倾听，Listen）：爸爸，你可以认真倾听我吗？

——爱是倾听。

当我们面对自己的孩子时，如果真的爱他，就要付出耐心，无条件地、认真地倾听他的声音，然后深入他的内心。当我们能够真正倾听孩子时，孩子所感受到的爱是超乎我们想象的。

什么是倾听？倾听不是他说你听，倾听代表认可，倾听还包括回应。当我们听完孩子说的话，要给予热烈、认真的回应。如果你的回应能够超出他的期望，他就会越来越爱和你说话。

倾听的时候要专注，不要一边看手机或看电视，一边漫不经心地听他说话。孩子能发现你是不是真的对他说的话感兴趣。如果孩子发现你只是敷衍他，久而久之他就不爱和你说话了。

爱是倾听，从现在开始倾听你的孩子，你会发现一个崭新的世界。

O（感恩，Owe）：爸爸，你也会感激我吗？

——爱是感恩。

感恩，感谢付出和恩情。通常我们受的教育是，我们要感恩我们的父母，孝敬我们的父母。

对待孩子呢，我们等待他的感恩就好了！

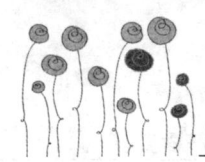
冷静的爱：告诉孩子如何独立成长

这种想法是何其的轻慢、自信！等待孩子的感恩，这就是我们养育孩子、善待孩子的目的吗？

难道孩子没有给我们带来快乐和成长吗？难道孩子没有给予我们前进的动力吗？当我们不开心的时候想想孩子，就能够振奋起来，孩子是我们的希望，带给我们无限的快乐。

光是这些，还不值得我们用心去感恩孩子吗？

英语有句话叫做"The biggest gift of time is so that we slowly nurtured a grateful heart！"

翻译成中文是："岁月最大的赐予，就是使我们慢慢孕育出一颗感恩的心。"

学会感恩自己的孩子，感恩他给了我们改变和进步的机会，感恩他给了我们爱的机会。

V（价值，Value）：爸爸，你可以承认我的价值吗？

——爱是承认价值。

我们常常说要尊重孩子，什么是尊重？

尊重首先是要承认孩子的价值，承认孩子的感觉，要让孩子从你这里找到价值感，找到他存在的意义。

任何时候都不要打击孩子，也不要把孩子和其他人做比较。因为孩子对你来说，就是唯一。

他的价值，是建立在他本身的基础上，而不是跟人比较的基础上。

E（原谅，Excuse）：爸爸，你可以多包容我吗？

——爱是谅解与包容。

爱的最后一个词语就是原谅。

我们要学会包容，要允许孩子成长缓慢，允许他说"不"，允许他在很多时候犯错，并且在他犯错时，给他时间去思考和反省。

Chapter3　爸爸，你拿什么来爱我

16. 爸爸，可以让我自己做决定吗？

爸爸的来信：怎么才能让孩子听话？

> 我的女儿今年5岁，小孩子到了这个年纪都比较叛逆，她的叛逆可能相对其他孩子来说更加明显。她的牙齿不太好，我就限制她吃糖，她总是趁我不注意偷偷吃，有时吃完也不刷牙。每天跟她斗智斗勇实在太累了，我老是能从各种地方翻出她的糖。
>
> 也不是不让她吃，只是希望她少吃。我该怎么让孩子听我的话？

小孩小的时候，大人关心的是如何让孩子少吃糖，如何让孩子认真吃饭。等到孩子大一点上学了，大人关心的是如何让孩子独立自主地学习，如何让他们不需要大人催就自觉地完成作业——爸爸们希望孩子能够既独

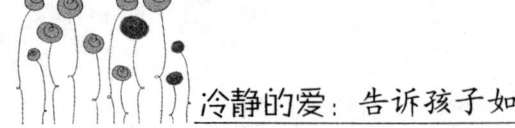

冷静的爱：告诉孩子如何独立成长

立，又听话，这可真是有点矛盾啊。

爸爸，可以让我自己选择和决定吗？

我父亲是很传统的那种父亲，我管他叫作"典型中国式爸爸"。典型中国式爸爸崇尚男主外，女主内，家是他们的根据地，外面才是他们的战场；典型的中国式爸爸认为"棍棒之下出孝子"，孩子不听话就得揍；典型中国式爸爸相信"子不教父之过"，每当孩子犯错时，他们都会用这句话激励自己不要对孩子放松；典型中国式爸爸还认为"我是老子我说了算"，由不得孩子做主。

我的父亲就是这样，他说一不二，任何人都不得违抗。每次我想要反抗，问他"为什么"的时候，他都会淡定地对我说："不为什么。"

有时他心情好，就会说："因为我是你爸爸，你是我儿子，所以你得听我的。"

我小时候饱受这种独断教育的折磨，当我有了自己的孩子，我决定给孩子自主权，让他享受我小时候没有享受过的自由。但是好多次，我都发现，原来"不为什么"、"因为我是你爸爸"这种简单粗暴的教育方式才是最轻松的。

不用回答孩子为什么，也不用和他们商量；不用听他们那些幼稚的言语，也不用耐着性子听他们狡辩，忽然我发现，我也变成了我父亲那样的父亲：独断、专横，不允许孩子插嘴，也不允许他们自己做决定。

爸爸，不要总是对我提出"正确建议"可以吗？

克制自己提出"正确建议"。

我们的建议，拦截了孩子太多的第一次：孩子第一次自己出门，被我们阻止了；孩子第一次做家务，被我们拦截了；孩子第一次选择交哪个朋友，被我们决定了；孩子第一次选择未来的专业，被我们否定了。

太多父母无法克制自己提出建议，因为他们常常会把孩子的失败看成

自己的失败，把孩子的错误看成自己的错误。

有的爸爸会说：帮孩子做一些事情，帮助他们避免错误，帮助他们避开一些坏朋友，防止他们因走上错误的路而浪费时间——这些事情有那么严重吗？孩子还小，当然需要依赖大人。然而问题是：当孩子一直依赖父母，他们又如何学会独立？

有的爸爸在孩子小的时候帮助他们做所有的决定，尽自己最大的努力去帮助和保护孩子，但是孩子长大后，和他们非常疏远。甚至有的孩子，会对专制的父亲产生敌意。因为他们在父亲那里，得不到任何价值感和成就感。

克制自己对孩子提出建议，可不是一件简单的事，尤其当你明明知道正确答案、知道怎么做才对的时候。

这时你要不断告诫自己：**克制自己，让孩子自己去探索发现，给孩子试错的机会，这才是真正的爱。**

不光是对待孩子，对待配偶也是如此。如果我们太热衷于给配偶提建议，以"我是正确的"为理由阻碍配偶的决定，久而久之，配偶就会感到失去了自由，也得不到尊重。很多夫妻间的情感裂痕，正是由此开始的。

当爸爸开始练习"克制自己提出建议"时，不光要对孩子如此，也要对孩子妈妈如此。

少提建议，多夸赞，是带给他人快乐的最简单的办法。

爸爸，可以夸奖我的努力吗？

所有的孩子都非常在意自己在父母眼中的样子！

甚至，孩子在父母眼中的样子，会影响他们的未来。

孩子的天性是希望取悦父母、希望父母能够开心的。尤其是平时不喜欢夸奖孩子的父亲，如果让孩子知道，他很让爸爸骄傲，他的行为非常受

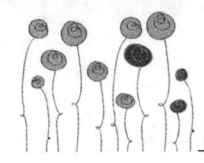

爸爸的认可，就会带给孩子加倍的动力。

夸奖孩子的秘诀是：事实、感受和对比。

事实：描述你看到的事实。

感受：描述你的感受。

对比：描述孩子和他们过去行为的对比。

即使孩子的努力在我们看来可能很幼稚，我们也要认真地夸奖他的努力。

得到爸爸的认可，是孩子获得外部世界认可的第一步。如果这第一步没有完成，之后的认可也无从谈起。

心理学研究证明，那些在童年获得过爸爸认可的孩子，长大后会更自信，在建立和异性的关系方面也会更加游刃有余。

而那些在童年没有获得父亲认可的孩子，长大后往往会变得不自信且孤僻。

爸爸的回信：我让孩子自己管理她的糖

终于我意识到，我对孩子管得太多了，一直像猫鼠游戏那样，她做错事，我去纠正，这样太累了。看了老师的回答，我忽然感到：也许错的不是孩子，而是我们相处的这个模式。

那天在和孩子一起玩的时候，我对她说："宝宝，让我们来做一个游戏吧。"

她立刻表现出很有兴趣的样子，问："爸爸，我们玩什么呢？"

我说："这个游戏的名字叫'管好你的糖'。爸爸觉得每次你偷吃糖，爸爸都去抓你的现行反革命（她懂这个词，所以她笑了），这样太累了。爸爸觉得你是大孩子了，你能管好自己。从今天起，爸爸决定让你来管自己的糖，你想什么时候吃，就什么时候吃。"

我递给她早就准备好的糖盒,里面是一个星期的糖果。

我说:"这些是一个星期的量。你可以自己决定什么时候吃,一天吃多少。你可以一天全吃完,但是那样的话,接下来的一个星期你就没有糖果吃了,不过这些由你决定。爸爸只有一个要求:吃完主动刷牙,好吗?"

她说:"那我可以不用问你就吃吗?"

我说:"可以。"

她说:"那我现在可以吃吗?"

我说:"可以,你吃吧。不用问我。"

她很高兴地打开盒子开始吃,我很想告诉她"你现在吃完了今后可就没有了",我也想告诉她"别都吃完啊"。

但是我想到我应该该让她自己管好自己,于是我转身干别的去了。

出乎意料,过了一会儿她走到我面前,说:"我吃完了。"

我说:"好的。"

她说:"剩下的明天再吃。"

我说:"不错。爸爸相信你。"

她说:"我去刷牙了。"

她果然去刷牙了。接下来的几天,我观察到,她开始克制自己,想吃糖的时候就打开盒子看看,并不真的吃。

我第一次意识到孩子原来是有自制力的。

之后我找了个机会跟她说:"爸爸发现你最近做得很好,你管自己的糖管得很成功。都4天了,糖果还没吃完,真是有自制力的宝宝。换了别人家的宝宝,早就把糖吃完了,我们宝宝真厉害啊。"

她听完我的话特别高兴。

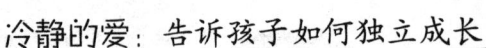

冷静的爱：告诉孩子如何独立成长

17. 爸爸，可不可以不要给我这么大的压力？

我国传统的教育观念认为，孩子应该从严管教，古人留下不少名言警句都表达了类似的意思，比如"棍棒底下出孝子"、"玉不琢不成器"等。这些理念经过千百年的时间已经深入人心。

尤其是爸爸们，受着"子不教，父之过"的传统理念影响，认为自己必须对孩子严格管教，以防孩子长歪。

严格管教带来的，是孩子们巨大的心理压力。有的爸爸以为，现在对孩子越严厉，对他的未来越好，但事实真的如此吗？

爸爸，我也会有压力

心理压力并不是光成人有，孩子也有心理压力，这些压力主要来源于父母、学校老师、陌生环境、人际关系、学习成绩。这些压力通过四个方面在

Chapter3 爸爸，你拿什么来爱我

孩子身上表现出来：生理、行为、情绪以及个性。孩子在幼年时对社会环境接触得较少，所以这个阶段的压力主要来自于家庭，包括家庭生活环境、父母之间的矛盾、父母对孩子过高的要求以及父母同孩子缺乏沟通等。

压力对孩子的负面影响

通常孩子有专门应对压力的反应系统，但是当他们被愤怒的情绪所包围时，压力反应系统就失去了作用，导致孩子极度紧张，其结果很可能会导致孩子情绪崩溃，或者性格发生巨大变化。有人曾经这么说："要想让一个孩子大脑出现问题，只需要每天让父母揍他一顿就可以了。"

可见，压力会给孩子造成多么恶劣的影响。

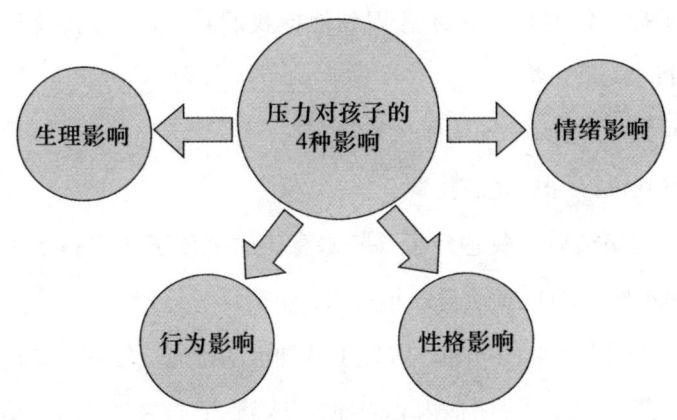

压力对孩子的 4 种影响

生理影响：压力使孩子产生头痛、胃痛、失眠等生理现象，还会使孩子的免疫力降低。

行为影响：压力使孩子不愿与他人接触，喜欢独处，经常会有暴力行为，比如经常对周围的伙伴拳脚相加。

情绪影响：压力使孩子的情绪波动较大，容易产生悲观心理，对自己缺乏信心，对所有事情都缺乏兴趣。

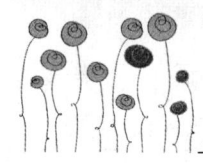

冷静的爱：告诉孩子如何独立成长

性格影响：心理压力会使孩子性格偏激，变得不合群。那些心理压力巨大的孩子通常性格孤僻，考虑问题时思路狭窄。孩子的自我控制能力和辨识能力还未完全成熟，因此在这时给孩子施加压力将会对孩子产生不良影响。

有个孩子患有严重的抑郁症，非常内向。他是学画画的，就用自己的美工刀在胳膊上割了很多刀。孩子妈妈很着急，问他为什么要这样做，他也不说。

后来他的妈妈带他来上我的课。

上课到第3天时，我邀请这个孩子上讲台，和他做深度的交流。在我和这个孩子拥抱的时候，我才意识到他抱我的时候，一只胳膊是不动的。那只胳膊上，满是伤痕。

我就问他："割的时候是什么感觉？"

他回答我说："很舒服啊。"

他说完这句话后，我感到了一阵寒意。这个孩子在胳膊上割了三十多刀，那得多疼啊，而他竟然说：很舒服。

舒服，是因为肉体的疼痛，取代了精神上的疼痛，转移了他内心的注意力。他会觉得"舒服"说明他内心的痛苦已经到了非常严重的地步。

这个孩子到底是因为什么变成这样的？

据我了解，出了大问题的孩子，都和爸爸脱不开关系。

这个孩子的爸爸性格非常暴躁，曾经和孩子叔叔打架，被孩子叔叔砍了十多刀。

他的爸爸在面对他的时候，总是一脸严苛和严肃的表情。

孩子的心灵世界就这样被漠视了。最让孩子受伤的是，孩子爸爸常常打他。

Chapter3 爸爸，你拿什么来爱我

种种原因，造成了孩子现在的问题。

当孩子站在讲台前时，他对妈妈说："妈妈，我让你担心了，回去我一定改变。"

我一听这句话，就明白这其实是表面上的话，就问孩子："你准备怎么改变？"

他说了一句话，让他的妈妈的悲痛不已。他说："妈妈对不起。儿子长这么大了，每次你让我陪你出去散步，我都不去。回去以后，我把过去没有给你的时间，爸爸没有给你的时间，都给你补回来。"

他的妈妈听到这儿开始放声大哭，但是此时，我还是不让这个孩子下去。

因为问题的根源在孩子的爸爸那儿，只有改变孩子的爸爸才能彻底解决问题。

我对他们说："你们回去的职责就是，一定要改变孩子的爸爸。"

母子两人回去后，孩子妈妈和爸爸进行了长谈，于是他们全家决定一起改变。孩子爸爸开始改变自己过去那种粗暴强硬的教育方式，并且花时间和妻儿交流。

妈妈呢，回到家里的第一件事，就是把家里的家具重新摆放，使家里看起来焕然一新。这是一个仪式性的行为。

这个男孩开始变得很乖，他每天晚上吃完晚饭，都会陪着妈妈出去走一走，聊聊天。孩子妈妈对我说，他的改变太大了，有时甚至他自己待着的时候都会哼歌，这在以前是绝不会有的。

这个孩子现在很幸福，孩子妈妈还对我说，要带孩子和孩子爸爸一起来看我。

虽然孩子成绩还是上不去，但是他每天都很开心，他变得阳光了。孩子觉得快乐，比什么都重要。

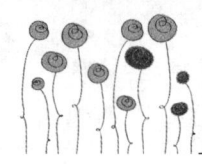

冷静的爱：告诉孩子如何独立成长

爸爸什么时候会给孩子心理压力？

需要转嫁自己的压力的时候

90%的爸爸正在将自己受到的压力转嫁给孩子！

为人父母不容易，在承担抚养孩子的经济压力之外，还要受到来自方各面的压力。这些压力常常是"润物细无声"的。爸爸们身上的经济压力常常比妈妈们更大，爸爸肩负着赚钱养家的重任，同时又受着"子不教，父之过"的心理压力，这使得他们往往对孩子的要求更严格，对孩子的错误更重视。有的爸爸平时对孩子很宽容，一旦孩子犯错，马上就紧张起来，担心孩子因为自己的管教不严而变坏。

但有的爸爸并没意识到自己正在承受压力，也意识不到自己在把压力转嫁给孩子。

比如白天，爸爸在单位听到同事的孩子考了第一，回家以后就会问自己孩子的成绩，如果孩子的成绩不理想（即使和平时的成绩一样），爸爸也会感到不愉快。

又如，当爸爸发现周围的人都在给孩子报补习班、钢琴班、书法班时，往往也会给自己的孩子报这些班。

有时爸爸们心里很明白：其实没什么用，不是所有的孩子都有艺术天赋，也不是所有的孩子都需要学习艺术。但是他们就是无法承受"别人有的我没有"这样的心理压力。

还有的爸爸会觉得，如果不给孩子报这些班，自己就不是称职的爸爸，这是另外一种心理压力。

需要控制孩子的时候

太多父母，把对孩子的监护权，理解成对孩子的控制权。

监护就是控制，控制就是监护。

在这种思想下,孩子没有自己的自主权,没有自己的隐私权,也没有自己的空间。

爸爸对孩子严厉、限制、干涉、独断,带给孩子的是巨大的心理压力。

控制孩子给孩子带来的心理压力,要远远大于其他心理压力。

严厉的控制给孩子带来的是情绪压抑、高度紧张和对他人的盲目顺从。

那些选择自残和轻生的孩子,很多都曾经受到过父母的严格控制,他们感到没有自己的空间,也没有自主权,感受不到自由和快乐。

把孩子当成自己的延续和替身的时候

有的爸爸把子女当成自己生命的延续,自己实现不了的愿望,就期望孩子能够替代自己完成。

没有考上名牌大学的爸爸期望孩子替自己考名牌大学,有军官梦的爸爸则希望孩子能够代替自己成为一名军人,想成为医生又没有成功的爸爸往往期望孩子替自己完成医生梦。

这种行为在心理学上叫做投射,爸爸把自己的影子投射到孩子身上,忽略了孩子的愿望和需求。

需要发泄情绪的时候

发泄情绪,把孩子当成情绪垃圾桶的行为很多父母都有。但是爸爸们平时发泄情绪的渠道比妈妈们更少,因此爸爸就更容易把情绪发泄到孩子身上。

即使有时爸爸们心里明白自己是在拿孩子撒气,但还是控制不了自己的行为。孩子处于弱势,而父母处于强势,所以孩子总是成为父母发泄的对象,成为父母情绪的牺牲品。

那么应该如何改善呢?

冷静的爱：告诉孩子如何独立成长

爸爸，你可以控制自己的私欲吗？

世界上没有完美的人，更不会因为成为父母就变成完美的人。承认这一点，承认自己也有私欲，并努力控制自己不要为了满足自己的私欲而把压力转嫁给孩子。

爸爸，你可以少问些问题吗？

不断问孩子各种问题，其实是变相地左右孩子的决定，使孩子没有独立空间。

为什么爸爸们如此没有安全感，需要靠不断问问题去掌握孩子的动态和行为呢？

当孩子兴趣盎然地在探索时，听到爸爸们问："你做得怎么样了？""认为你还能做得更好吗？""需要爸爸帮助你吗？"他们还有兴趣去探索吗？

尽量少问问题，给孩子更大的空间。即使不得不问，也要围绕孩子的行动本身："爸爸觉得你做得好棒！能给爸爸解释解释吗？"

爸爸，你可以给我"适量"的压力吗？

给予孩子"适量"的压力，能够提高孩子的抗压能力。

20世纪90年代，有心理学家通过对孩子长期观察，发现有些孩子在经历超出其本身能够承受的压力之后，并没有对其以后生活产生明显的负面影响。他们相对其他儿童，具备更好的抗压能力和心理弹性。

这些孩子具备这样的特征：他们在童年都获得了父母完整的爱，父母对他们严宽有度，在他们犯错时会批评，但不至于苛刻。在成长过程中，他们受到了适中的压力，并且在父母的帮助下，很好地化解了这种压力，最终形成了优秀的抗压能力。

所以我觉得，在我们的家庭当中，爸爸的改变太重要了！中国的任何

Chapter3 爸爸,你拿什么来爱我

一个家庭,都离不开爸爸。爸爸影响的,是孩子的精神世界。

为什么现在孩子的内心那么脆弱?他们常常自杀、自残,不善于处理关系:不管是和父母的关系,还是和朋友的关系,和领导的关系。这和他们的爸爸息息相关,爸爸没有帮助孩子建立起良好的精神世界,他们的心灵、信仰都是缺失的。

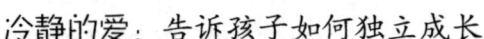
冷静的爱：告诉孩子如何独立成长

18. 爸爸，你打我，其实我不怪你

我对打孩子的定义是：使用暴力的手段对孩子进行惩罚。暴力手段分为冷暴力和身体上的伤害，通过这两种方式让孩子受到身体上的疼痛或者心理上的伤害。

很多爸爸觉得：小孩就是得打，不打不成器。所以常常使用暴力手段解决问题。

不过在很多情况下，孩子会理解爸爸打自己的行为。

爸爸，我知道你打我是为了我好

通常只有孩子犯错的时候，爸爸才会打孩子。打孩子，也是为了孩子好，希望孩子能够学好，怕孩子走上歪路。

当孩子犯错又很难管教时，爸爸就会产生很大的压力和焦虑，为了发泄这种压力，爸爸就会打孩子，对孩子来说，其实他是明白的。

Chapter 3　爸爸，你拿什么来爱我

一个已婚已育男人，身上往往有多重压力，有抚育子女的压力、经济的压力、工作的压力、夫妻关系的压力……

所以有时，爸爸面对孩子的时候，会感觉特别的无力。想快速地解决问题，往往就只能选择打孩子。

玉不琢不成器，所以爸爸们即使心疼孩子，即使打孩子时，自己比孩子还难受，但是仍然会采取这种粗暴的手段去教育孩子。

孩子了解家长对自己的期望，往往长大后就能理解父母的行为。但是虽然"打孩子"这个行为是可以被孩子原谅的，我们就可以随便打孩子吗？

答案是：不可以。即使孩子可以理解爸爸打自己，这种行为仍然会对孩子造成负面影响。

孩子受到暴力对待后，可能会产生的负面影响有以下几种：

爸爸，你知不知道，打我，其实是剥夺了我自我反省的机会

用暴力手段惩罚孩子，往往会让孩子的自省能力丧失。

当孩子经常受到暴力对待时，对于做错事的行为就很难有愧疚感，因为频繁的暴力惩罚在很大程度上将孩子的愧疚感降低了，所以暴力给孩子带来的是自我反省能力的丧失。

爸爸，假如你总是通过打我解决问题，我也会跟着你学

如果一个家庭中，父母喜欢用暴力手段解决问题，那么孩子也会受父母的影响，用暴力解决问题。

当孩子在同其他人相处遇到问题时，就会学习父母的处理问题方式。（当父母因为同样的事情而多次对孩子进行暴力惩罚时，那么今后孩子碰到这类事情时就会产生负面的情绪。比如孩子因为没有将自己的书桌收拾干净而多次受到暴力惩罚，那么今后当他看见周围的人没有将书桌收拾干

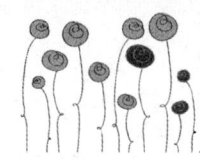

冷静的爱：告诉孩子如何独立成长

净时就会产生不满情绪，特别是对亲近的人，比如自己的配偶或者是自己的孩子。）

爸爸，经常遭受体罚，会使我失去控制和沟通情感的能力

如果孩子在幼儿或少年时期经常受到情绪失控的对待，那么在成年之后，很可能会在情绪控制以及沟通感知能力方面出现问题。比较常见的就是无法控制自己的情绪，易怒，不愿与他人进行情感沟通。所以在孩子幼儿时期，父母要非常重视自己的情绪控制，这将对孩子今后的成长产生重要的影响。

你打我，会使我失去安全感

此外，对孩子进行暴力惩罚还会让孩子失去安全感并产生敌对意识。这两点会对孩子今后的成长影响很大，所以，想要教育好孩子，父母必须先严格要求自己。

通常，使用暴力惩罚孩子的父母，其对孩子的态度会走向两个极端：一是平时放任不管，不去理会，一旦孩子犯错就用暴力惩罚孩子；二是经常用暴力惩罚孩子。

如果在孩子小的时候，鼓励或者说服的手段很少被使用，随着孩子年龄的增长，其对于鼓励和说服手段就不能很好地感知。

这样就形成了恶性循环，父母最后只能不去管孩子，或者使用更激烈的手段去惩罚孩子。

爸爸，我需要你学会克制自己的情绪，要科学地使用体罚。

有一位爸爸发现，科学使用体罚不仅能杜绝孩子的坏行为，还能增进亲子情感。他的做法是：

第一，孩子是否发自内心地认为自己错了，是否愿意接受惩罚，如果愿意那代表他的心理是可以承受的；

第二，体罚仅仅局限于打手或屁股，不可以有扇耳光、用脚踹等暴力动作；

第三，在体罚时不可以带有愤怒的表情，否则会让孩子误认为爸爸妈妈不爱他了；

第四，90%以上的体罚是针对约定过的错误行为，比如玩游戏过度、恶性撒谎、过激行为等，一般在家规家训中会体现出来；

第五，体罚结束后，一定要表达内心的关怀，包括身体上的安抚，比如有位爸爸说："宝贝，打你的时候爸爸其实很难过，你疼在手上，爸爸疼在心里，可是爸爸又不想破坏我们的约定。看到你犯这样的错误爸爸担心你记不住，所以不得不这么做，但是爸爸相信你以后一定能做到，爸爸希望这是最后一次打你，因为慢慢的你就能自己管好自己了！"

任何人都不可能时刻保持理性，情绪失控是所有人都会有的经历，但有一部分人自我控制能力欠缺，非常容易情绪失控，但并不能因为情绪失控是所有人都会犯的错就认为这是一种不需要关注的行为。

Chapter 4 为什么会这样

每个家庭中,每天都能听到无数个"为什么"。

孩子会问:爸爸妈妈,为什么你们会吵架?

爸爸妈妈的疑问则更多:为什么我的孩子"变"了?为什么我的孩子不懂得心疼大人?为什么我的孩子养成了"坏习惯"?为什么孩子越来越不爱学习?为什么孩子学会了撒谎?为什么孩子开始"偷钱"?

在孩子成长的道路上,有无数个"为什么"。

比"为什么"更关键的是,为人父母,我们应如何面对和处理这些"为什么"。

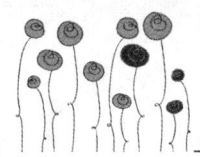
冷静的爱：告诉孩子如何独立成长

19. 爸爸妈妈，为什么你们要吵架？

夫妻关系对孩子的影响

父母之间的感情对孩子所产生的影响非常大，孩子今后的择偶以及婚姻都会受到父母之间关系的影响。这对孩子的影响是潜移默化的，比很多言语行为更重要。

照看孩子是一件需要耗费大量时间和精力的事情，不光人类如此，绝大多数生物也是这样。想成为一个合格的母亲是非常辛苦的。所以我建议在家庭生活中，家人一定要给予母亲足够的支持和帮助，让母亲能够有充足的休息时间。无论是在动物界还是在人类当中，都有母亲因为抚养孩子压力过大，而将孩子杀死的事情。而如果家人能够给予孩子母亲足够的关心，就能够大大降低这种悲剧发生的几率。

因为大多数时间都是母亲陪伴着孩子成长，所以孩子会将母亲作为学

习的对象，今后为人处世的方式也都以母亲为参照。如果孩子的父母经常互相攻击，那么他们的孩子今后的婚姻也很可能会出现同样的情况，反过来也是如此。

学会善待自己的配偶，这其实是最有效的使孩子未来婚姻幸福的方法。

不要让亲子关系凌驾于夫妻关系之上

就像《虎妈猫爸》里，虎妈把全部精力放在孩子身上，对丈夫漠不关心，使得丈夫感觉自己被忽视了，从而使夫妻关系产生了裂痕。

在这种亲子关系重于夫妻关系的家庭中，孩子也会感到莫大的压力。如果父母关系不和睦，即使父母再疼爱孩子，孩子也会没有安全感。孩子对父母关系是否和谐是非常敏感的，但是很多父母忽视了这一点。尤其是孩子的母亲，常常是有了孩子就一心扑在孩子身上，以致忽视了自己，也忽视了丈夫。

被孩子看到我们吵架怎么办？

我常常对父母们说，不要当着孩子的面吵架，既不要当着孩子的面争论问题，也不要当着孩子的面说别人的坏话。无论是涉及亲友，还是邻居的坏话，都不要让孩子听到。

你要记住，孩子听到的每一句话都会对他产生影响。父母之间的每一次争吵都会给孩子的内心带来伤痕。

如果孩子撞见父母吵架，或者父母吵得太厉害，没有办法隐瞒孩子，这时候该怎么办呢？

正确的做法是告诉孩子：

爸爸妈妈之间的争吵是非常正常的；

爸爸妈妈之间也会有分歧，这种分歧往往不是因为谁对谁错，但是分

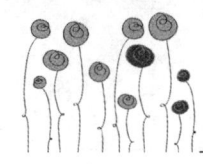

冷静的爱：告诉孩子如何独立成长

歧就是存在；

有时为了解决分歧，爸爸妈妈只能采取争吵的方式；

争吵是不对的，爸爸妈妈没能克制好自己，对不起；

爸爸妈妈之间的争吵和你没关系，绝不是因为你不乖，也不是因为你做得不好；

争吵是爸爸妈妈自己的事情；

爸爸妈妈之间的争吵，绝不会影响爸爸妈妈相爱；

爸爸妈妈之间的争吵，也不会影响爸爸妈妈对你的爱。

当孩子获得了足够的安全感时，偶尔看到父母之间的争吵也就不会大惊小怪了，这种争吵不会给他的内心带来伤痕。当一个孩子有了足够的安全感时，他才会主动去温暖别人。你会发现，自己的孩子开始以聪明的方式去阻止父母之间的争吵，去黏合父母之间的感情。

爸爸妈妈之间尽量减少争吵

如果爸爸妈妈总是因为意见不一致而争吵，就会使孩子丧失安全感，同时也会降低父母在孩子心目中的权威性。孩子会想：

他们自己都管不好，还想管我？

两个大人都没有任何的自控能力。

像小孩子。

这样的话，孩子很难继续保持对父母的尊重，同时会对婚姻产生怀疑。所以，爸爸妈妈不管在何时，都应该控制好自己的情绪，尽量不在孩子面前争吵。

Chapter4 为什么会这样

20. 为什么我的孩子不懂得心疼大人？

爸爸的来信：为什么我的孩子这么自私

自私自利的孩子能改变吗？

我的女儿小花今年5岁，正是上幼儿园的年龄，我一直以为她是无忧无虑的，在我和她妈妈的精心呵护下成长。我常年外派，孩子的妈妈是工厂的工人，平时工作很忙，我们两个都觉得亏欠了孩子，因此对小花非常溺爱，这使她养成了小花自私自利、只顾自己的性格。

今年5月，我终于获批了长假，可以休息一个月。这一个月里，我带着孩子去了很多好玩的地方，但是在和孩子相处的时候，我发现了问题。

在家的时候，小花妈妈收拾屋子，洗菜做饭，忙成一团，小花除了做作业就是看电视，对辛劳的妈妈视而不见。

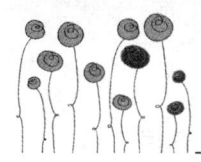

冷静的爱：告诉孩子如何独立成长

要开饭的时候，妈妈不小心把一盆菜打翻了，就在小花的面前，但是小花看也不看，任凭我们忙前忙后地收拾。

周六，我带小花去公园玩。我感觉口渴想喝水，而瓶子里的水只有一点儿了，我把瓶子打开正准备喝的时候，刚刚才喝完水的小花竟然一把把瓶子抢走了，她说："这是我的水，爸爸不许喝！"

我说："可是爸爸渴了啊。"

小花说："不，我的水不许爸爸喝。"

开始我很生气，想打孩子，但是转念一想，打孩子不能从本质上解决问题。孩子这么自私，还是自己平时教育得不够。

怎么才能让小花变得和其他孩子一样知道心疼父母呢？

爱的潜能需要培养吗？

好像不需要，看起来我们天生就会爱人，小时候我们爱自己的父母，长大后我们爱自己的爱人，有了孩子之后，我们更把全部的爱都献给了孩子。

可是，如果爱不需要培养，为什么有的孩子充满爱心和责任心，时时考虑他人，会心疼大人的辛苦和付出，而有的孩子却我行我素，从来看不到父母和他人的辛苦呢？

是孩子的本质有区别吗？

当然不是。问题在于，孩子觉得你是否需要他的爱。

关键是要让孩子看到父母的需要，让孩子意识到父母并不是无所不能的，父母也是需要别人的爱护和帮助的，父母也会累会疼，也是需要"爱"的。

每个孩子都有爱的巨大的潜能，但是如果不去主动激发它，潜能永远只是潜能，而不能成为能力。

要知道，爱的潜能固然是天生的，但是也需要父母的引领和培养。

只有我们用心去浇灌一朵叫作爱的花，它才能在孩子的心里茁壮成长。

我让孩子看到，我也是需要"爱"的

激发孩子爱的潜能，首先要让孩子看到，爸爸妈妈也是需要爱和关心的。

在《爸爸去哪儿》这档节目中，林志颖的孩子Kimi常说："爸爸是超人。"一开始大家都认为Kimi是个没长大、只知道玩的孩子，远不如同龄的王诗龄懂事机灵。

但是从一个细节里，大家发现这个孩子其实很懂事。那时候村长问Kimi："给你3个选项：你是希望爸爸多回家陪陪你，还是希望爸爸多给你带玩具，还是希望爸爸多陪陪你妈妈？"

小小的Kimi开始不停地揉脸，显然他的内心在斗争和挣扎，最终Kimi说："我希望爸爸多陪陪妈妈。"

那个细节感动了无数人，为什么只有4岁的Kimi能够说出这样的话？

显而易见，是Kimi妈妈的孤独被Kimi看到了，Kimi妈妈需要爸爸的爱和陪伴这件事也被Kimi看到了，所以Kimi才会放弃选择"爱自己"（选择爸爸陪自己或者多给自己买玩具），而选择了"爱妈妈"这个选项。

只有孩子意识到父母也是需要爱和保护的，父母也是会感到累的，孩子才会主动去爱父母，帮父母承担责任。

我要试着用引导去代替指责

不要因为孩子的自私自利而指责他，而要用行动去引导他。

孩子是懵懂的，他们并不知道自己的行为意味着什么，如果你看到孩子自私的行为，一味地指责甚至打骂，不仅不会使孩子了解到自己的错，反而会引起孩子的反叛心理。

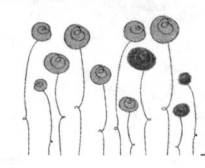

冷静的爱：告诉孩子如何独立成长

我给孩子表现"爱"的机会

当你觉得孩子不会爱人时，可能是你没有给孩子爱的机会。在孩子的心里，父母都是无所不能的。大多数孩子都认为父母是超人，是付出爱的人，而不是需要自己用行动给予他们爱的人。

孩子不是不爱你，是没有机会爱你。

孩子也不是没有爱的潜能，是你没有给孩子开发潜能的机会。如果你的孩子也和小花一样，不会关心别人，只关心自己，那么你是不是该反省下，自己有没有给孩子这个机会呢？

每次孩子表现出爱，我都要予以回应和鼓励

人人都需要回报，孩子更是如此。当孩子表现出爱，他需要的回报可能不是物质奖励，也不是你的亲吻，而是一句："宝贝你真懂事，会心疼爸妈了。爸妈为你骄傲。"

当孩子确信自己的付出被看到和认可后，他会加倍地付出。

如果你的孩子对你表现出爱和关心，只得到你冷漠的回应，他不会认为你是感动在心里，也不会认为你是太累了没有心思去鼓励他，他只会认为自己的付出是不受欢迎的。

孩子的心思是敏感的，孩子爱的潜能尤其敏感，需要你全方位的呵护和培育。但是辛苦的付出一定不会白费，只要你用心浇灌，一定能得到爱的回报。

爸爸的回信：原来孩子可以这么懂事

我在得到詹老师的指点后，回家和孩子妈妈偷偷召开了家庭会议，制订出了一系列方案。为了对付这个小人儿我可没少花费脑细胞。

第二天，小花妈妈提着买好的菜进家门时，小花在沙发上看电视，丝

Chapter4　为什么会这样

毫没有过来帮妈妈的意思。

我连忙使眼色给孩子妈妈,她心领神会,一边大叫:"哎呀,好沉,我拎不动了!"一边假装要倒地。

我看见小花的注意力被吸引过去了,她紧紧盯着要摔倒的妈妈。

妈妈看到小花的反应,心一横,真的摔倒在地。这下孩子妈妈的眼泪都要下来了,小花马上从沙发上跳起来,跑过去问:"妈妈你怎么了?"

看见孩子起来我很欣慰,孩子并不是真的不关心妈妈。

孩子妈妈坐在地上,半真半假地哭了起来:"妈妈摔倒了,菜太沉了,妈妈拎不动。"

小花说:"妈妈,我帮你拎。"

小花妈妈一边假装抹眼泪一边说:"妈妈的腿好疼,不能再照顾小花,给小花做饭了。"

小花伸出小手一边帮妈妈揉腿,一边说:"没事,小花帮妈妈做饭。"

于是我和小花把"摔伤"的妈妈扶到了床上,让她休息。孩子妈妈躺在床上,我看着她,她看着我,我们不知道怎么办。我把心一横,趁小花不注意的时候,偷偷地掐了她妈妈一把。

孩子妈妈"哎呦"一声。

小花立刻关切地问:"妈妈你怎么了啊?"

我就说:"妈妈腿好疼,需要抹药啊。"

小花说:"哪有药啊?"

我说:"咱家没有,得去买。"

小花就说:"药店在哪里,我去买。"

我点点头说:"小区对面就是,你拿着这20块钱去买药,告诉药店的店员你要买跌打酒。"

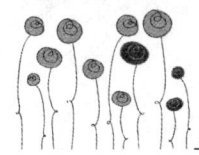

冷静的爱：告诉孩子如何独立成长

小花说："好的。我这就去。"

从来不会帮爸爸妈妈买东西的小花出门了，我连忙跟上，我当然不会让5岁的小花自己出去，而是悄悄地尾随在她后面。

我就这样看着小花顺利地把跌打酒买回了家，小花还亲手把药酒抹在了妈妈的腿上。

我看她抹完药，一副很开心的样子，我就说："妈妈受伤了，没办法做饭了，怎么办呢？"

这时小花说："那我能做饭吗？爸爸我来给妈妈做饭。"

我说："好的，小花做饭，我来打下手。"

于是，我就指导孩子做饭，一会儿淘米，一会儿洗菜，忙得不亦乐乎。

我看着孩子忙前忙后，心里特别欣慰：这孩子平时可是连酱油瓶子倒了都不会扶的，这会儿竟然会帮爸爸妈妈做饭了。

最后饭勉强做好了，虽然不怎么好吃，但是我们3个人几乎都吃光了。吃完饭、洗完碗，我和孩子一起坐在沙发上看电视，我无意说："哎呀，好渴。"

没想到孩子马上到桌子边，给我倒了一杯水，说："爸爸，喝水。"

我真的非常欣慰。原来孩子不是我想象得那样自私，而是我没给过她这种机会。以后我一定多给孩子机会关心爸爸妈妈。

21. 为什么每个孩子都在吸收父母的行为？

我们常常说：父母是孩子最好的老师。事实上，父母是孩子上学前唯一的老师，是孩子成年前最重要的老师。

一个孩子的行为习惯、性情、品德、教养，无一不和父母的行为息息相关。

父母常常会用完美作为标准去要求孩子，希望孩子方方面面都能够出类拔萃，但是他们看不到自己的行为。

父母做什么，孩子学什么

没有爸爸妈妈希望自己的孩子说谎，当孩子出现说谎的行为，父母往往会非常紧张。但是重要的是：作为爸爸妈妈，你有没有说谎？孩子的其他长辈有没有说谎？

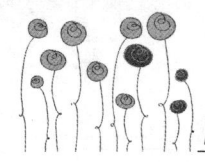

冷静的爱：告诉孩子如何独立成长

我常常看到的现象是，当大人和孩子相处时，一旦孩子的需求和大人的愿望相违背时，大人往往会采取欺骗和敷衍的方式，使孩子认同自己的愿望。

例如，孩子想要去公园玩，央求大人带自己去。大人明明能够通过讲道理的方式，告诉孩子今天不能去，但是却觉得太麻烦了，孩子也未必能理解，就对孩子说谎："今天公园都放假了。"

欺骗孩子只需要一句话，和孩子讲道理却要费半天口舌。

一次两次，孩子可能会被蒙蔽。但是时间长了，孩子总会发现大人在欺骗和敷衍自己。孩子会从大人身上学到：在这个世界上，原来可以通过欺骗达到目的。

慢慢的，他遇到不想做的事情时，也会学着大人，采取欺骗的方式简单粗暴地去解决。

失去信任，是从大人不讲道理开始的

我发现，所有的家长都要求孩子讲道理，但是最先不讲道理的，往往是大人。

比如，当你对孩子说了一个谎，在被孩子戳穿的时候，你是如何面对孩子的呢？

是坦诚地承认、真诚地道歉，还是继续粉饰，甚至恼羞成怒？

注意，你的每个行为都在为孩子做榜样。

让我们模拟一下以下对话：

"我想去公园。"

"今天是礼拜天，公园今天关门哦。"

"你骗人！公园礼拜天不关门。"

"我说关门就关门！"

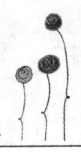

"公园明明没关门!"

"没关门也不带你去!"

在这段对话中,孩子会学到什么?他会学会欺骗,学会做错事不道歉,学会不讲理地处理事情。这些,都是从这短短的对话中学到的。

当大人开始不讲理时,也是孩子对大人失去信任的开始。

你是否忽视了自己平时的行为?

大人的每个行为,孩子都会看在眼里。不要以为孩子什么都不懂。

有个妈妈对我说,她的孩子在日记里这样写道:"我妈妈是世界上最虚伪的人,她当着倩倩妈妈的面说她漂亮,会教育孩子,但是倩倩妈妈不在的时候,妈妈就不断说倩倩妈妈的坏话,不仅说给爸爸听,说给姥姥听,还说给隔壁的阿姨听。"

这位妈妈非常伤心,问我该怎么办。

我说:"你的一言一行孩子都看在眼里。如果你能向孩子承认你的行为是错误的,在别人背后说坏话是不对的,孩子才能改变对你的看法。"

教育孩子,无非是言传身教。有时,身教的影响力,要远胜于言传。你的行为,会对孩子产生潜移默化的影响。

如果你个光明磊落的人,孩子自然会模仿你的行事风格和品德。如果你平时就人前一面、人后一面,斤斤计较、懒惰任性,又怎么能教育出教养良好的孩子呢?

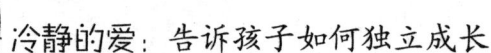冷静的爱：告诉孩子如何独立成长

22. 为什么孩子越来越不爱学习？

根据我观察，孩子学习不好、习惯不好，往往只有一个核心原因：分心。

是什么导致孩子在学习上分心的？

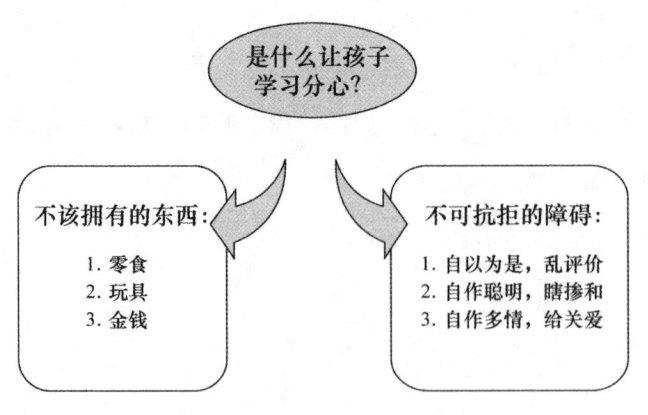

让孩子学习分心的两个原因

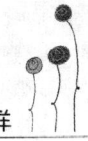

第一，你让孩子在学习期间拥有了不该拥有的东西；

第二，孩子在学习的过程中遇到了不可抗拒的障碍。

不该拥有的东西让孩子分心

有的家长担心孩子在学校会饿着，就让他带小零食，到学校去吃，还有的家长专门给孩子准备了一个小包，里面全是吃的和喝的，孩子有了零食就想吃，上课还怎么集中精神呢？

现在的学校除了有午餐，还有上午和下午的加餐，就是怕孩子因为饿而影响长身体和学习，所以家长额外给孩子带吃的是完全没必要的。

还有的家长会给孩子带玩具，这也会让孩子分心，带玩具的习惯往往是在幼儿园养成的。有了玩具孩子就会惦记玩具，还怎么专心学习？

另外，如果家长缺乏对孩子的关注，导致孩子营养不良，从而产生神经性衰弱，他也会分心；如果孩子的精神世界被忽视，也会导致他分心。

你是否给孩子制造了不可抗拒的阻碍？

家长如果犯了以下3个方面的错误也会导致孩子分心：第一，自以为是，乱评价；第二，自作聪明，瞎掺和；第三，自作多情，给关爱。

阻碍1：自以为是，乱评价

家长随意地、主观地对孩子做出负面评价，对孩子的心理伤害是非常大的。孩子的内心世界是非常单纯和脆弱的，每一句话都可能给他带来伤害。家长常常会忽视或者低估这种伤害的威力。

曾经有一个小朋友，在刚刚开始上学的时候，成绩非常好，他小学一年级上学期期末考试语文99分，数学100分。这个小朋友上课的时候总是很专注地听讲，他也觉得学习是件很有意思的事。家长和老师都说这是个不错的孩子。

直到有一天，这个小孩在外婆家吃午饭，午饭后去上学，小孩的叔叔

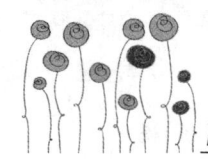

冷静的爱：告诉孩子如何独立成长

婶婶怕他下午饿，就给他的兜里装了很多花生。

小孩上语文课上到一半，忽然想起来自己兜里还有花生，于是就偷偷摸出花生来吃。吃了第一颗、第二颗、第三颗，他的注意力完全被花生吸引了。花生嚼烂了，变成了糊糊，他觉得很有意思，把舌头吐出来给同学看。

这时上课的老师发现了，生气的老师把他叫到跟前，把他手里的花生扔了一地，还打了他。

你看到这里肯定意识到：这个老师太过分了，怎么能这样对孩子？

确实，现在的家长都能意识到体罚孩子是错误的，但是在那时，没有人替这个孩子说话。

这件事给这个孩子带来了很深的伤害，从此以后，这个孩子就得到了一个评价："没有见过你这样的孩子。"

人们开始对这个孩子进行负面评价。最开始对孩子进行这样评价的是语文老师，而后是数学老师，再后来是孩子的父母。

因为孩子得到的负面评价越来越多，他的成绩也开始直线下滑。起初他的语文还能考到60分，数学还能考到70分，但是随着获得的负面评价越来越多，家长越来越着急，他的成绩也越来越差。

从一年级的下学期开始，一直到小学六年级，这个孩子的成绩始终是班上倒数几名。

这个孩子是谁？这个孩子的名字叫詹惠元，就是我。

当我长大，能够很冷静地回忆过去的时候，我才知道这一切是因为什么。我的厄运、我的噩梦都是从那几颗花生开始的。

如果一开始叔叔婶婶没有往我兜里放花生；

如果我上课的时候没有忽然想起来兜里还有花生；

如果我吃花生的时候没有出于好奇把糊糊吐出来给同学看；

如果语文老师当时克制住了怒火,没有打我;

如果他打我之后,没有随意对我进行负面评价,其他的老师、我的爸爸妈妈也没有对我失望、对我进行负面地评价……

那么一切可能就不是后来那样了。

但是人生没有如果。如果不想同样的悲剧发生在你的孩子身上,那么谨记,不要随意地对孩子做出负面评价。

孩子只是好奇,只是不懂事,如果你能鼓励他改正,他一定愿意听你的话。但是很多家长都犯了这样的错误,我常常听到家长这样评价他们的孩子:"他就是特别贫,话特别多,老师都说没有见过这样的孩子,废话那么多……""他就是想玩,为什么别人都能好好学习他却不能?他非要在上课的时候看外面,非要上课的时候发呆……""这孩子没救了……""这孩子一点儿也不懂得心疼大人,跟别人的孩子没法比……"

这些话在说出口的时候,就决定了孩子的命运。

阻碍2:自作聪明,瞎掺和

让孩子自主学习、独立学习,家长不要瞎掺和孩子的学习。辅导孩子学习的时候,也要注意态度和方式方法。

有的家长总是想"帮助"孩子,但是往往只能起到反效果。孩子不会的题你马上教他,剥夺的是他独立思考的机会。

孩子不会写的作文你教他写,剥夺的是他的创造力。

阻碍3:自作多情,给关爱

父母不知道孩子需要什么,就自作多情地认为孩子会需要"什么",给出自以为是的关爱,给孩子零食、带孩子玩、给孩子零花钱,美其名曰"关心孩子",但是常常只起到反效果。

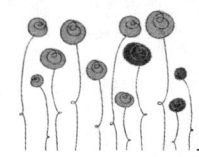

让孩子在学习中感到快乐、自信和成功

让孩子热爱学习的唯一方法就是让他在学习中感受到快乐、自信和成功。人都是趋利避害的动物,两害相衡取其轻,两利相衡取其重,而人的所有行为最终都是以快乐为导向的,即以逃离痛苦为导向。

所以在这一前提下,孩子的学习成绩肯定会好。常常有小孩考试考得不好,比如考了75分,家长就会说:"怎么才考75分啊,那25分是怎么丢的?我像你这么大的时候可没有考过这么低的分数。来来来,我教你这道题……"

这个时候,家长一定没有注意到,自己正在剥夺孩子学习的快乐感。

正确的做法是夸奖,并让孩子自己去提高:"哎呀考了75分啊,让我看看。嗯,是错了几道题,不过我发现有道题好难啊,你竟然做对了。你真是太棒了,我觉得你很有潜力,只要你把知识薄弱点巩固了,一定没问题的!"

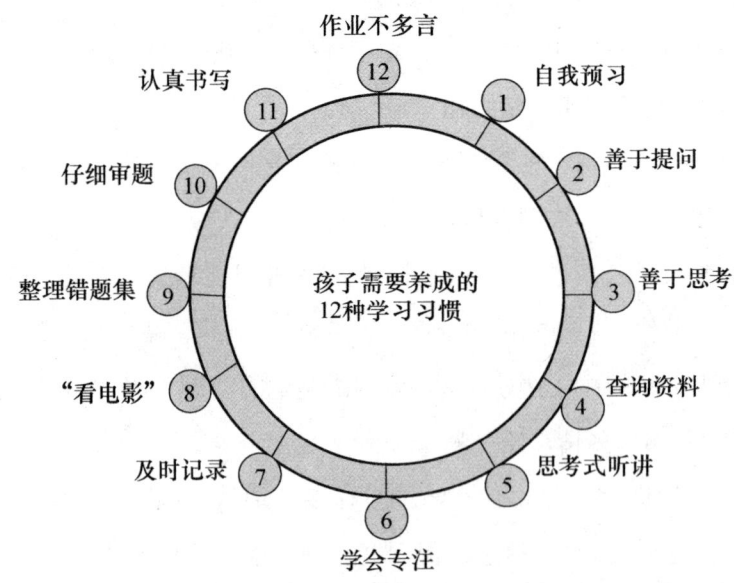

孩子需要养成的12种学习习惯

那么,培养良好的学习习惯应该从哪个方向入手呢?第一要帮助她

Chapter4 为什么会这样

养成学习的独立性；第二要养成学习的专注性。这两者就是两个方向。

孩子的学习永远是家长最关心的事，但是孩子的学习习惯到底应该如何去养成呢？

在我的训练营中，加强训练和培养的就是孩子的这12个学习习惯。只要这12个学习习惯养成了，孩子的成绩一定会好起来。

如何养成这样的学习习惯？

答案是培养孩子学习的独立性。

据我所知，有相当多的家长会帮孩子检查作业，有时家长不主动提出检查，孩子也会把写完的作业交给大人，让大人帮着检查看有没有错误。

那么家长应该帮助孩子检查作业吗？

答案是否定的。家长帮助孩子检查作业，其实是在妨碍孩子独立学习。即使最爱学习的孩子，一想到写完作业大人会帮助自己检查，都会变得粗心大意。以致在孩子心里，写作业就成了一件不需要自己独立完成的事情，而是有父母帮助自己完成的事情。

那些从小学开始，所有作业都由家长检查并帮助完善的孩子，到了初中，学习成绩往往不会那么有后劲儿。

家长帮助孩子检查作业，其实是使孩子不能够投入100%的精力和专注力到作业上。有的家长会说："如果我不检查，孩子写作业老是错怎么办？"

孩子写作业老是错，一方面是因为孩子想到有家长帮助自己检查，就没有专注、细心地去做；另一方面是孩子的学习水平还没到那个程度。所以家长就更应该让孩子独立学习了。

当孩子让你去帮他检查作业时，你可以直接告诉他："你认为全部都做对了，就不用检查了，你认为有一两道题可能做错了，就自己再多看一眼！妈妈相信你绝对具有自我检查的能力。"这样就OK了。

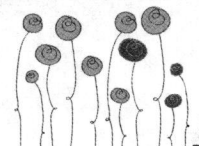
冷静的爱：告诉孩子如何独立成长

23. 为什么我止不住他的谎言？

爸爸的来信：为什么我的孩子总是喜欢编造一些没有发生的事情来获得关注？

我的女儿今年8岁，性格开朗外向，很像她妈妈。孩子在学习上很努力，但是可能因天赋所限，在班里始终排在十几名，好的话能考进前十名。

最近我发现，孩子经常对我们撒谎。虽然考不好我们也不会怪她，但还是对我们谎报成绩。

昨天我送她去爷爷奶奶家，吃饭的时候爷爷奶奶问她学习怎么样。

她回答了两句，最后说："今天我数学考了100分。"

我很惊讶，因为我知道孩子今天根本没有考试。吃饭后我给她班主任打电话，旁敲侧击地问了问，果然证实了今天没有进行数学测验。

我到底该不该揭穿孩子？是什么让她要通过撒谎来博取大家的关注呢？

每一个小孩在出生之前都是靠一根传送营养的脐带和妈妈联系。通过脐带传送来的营养，胎儿在妈妈的肚子里慢慢地健康成长，最终被分娩而出，医生把脐带剪断了。

而孩子在出生后，仍然和爸爸妈妈紧密联系着，如果说在妈妈肚子里，孩子靠的是有形的脐带，那么孩子出生后，靠的就是无形的脐带。

父母和孩子之间有很多根无形的脐带，对孩子的思想、价值观、信念以及精神世界都起到了非常重要的信息传递作用。所以，作为父母，一定要用一双睿智的眼睛去看到这些和孩子之间的无形的脐带。

很多父母都为孩子说谎而烦恼，孩子说谎的几率是多少？要我说，98%的孩子都会说谎，剩下2%不说谎的孩子，只是还没有找到机会。

每次家长问我："孩子说谎怎么办？"

我都会反问："那你说过谎吗？你平时会说谎吗？"

家长往往会露出不好意思的表情。

孩子说谎的行为，既是一种很正常的行为，也是一种难以根治的顽疾。如果你的孩子习惯性说谎，必须要把这个毛病治好，这需要一些智慧以及耐心——父母必须去观察孩子，去思考对策，才能彻底了解如何根治这个毛病。

如果你的孩子有说谎的行为，你首先要做的就是回忆一下：孩子第一次说谎是什么时候？是因为什么？在哪件事上孩子说谎最多？他说谎的目的是什么？

我总结出了孩子说谎的七大类型：

类型1：想象型

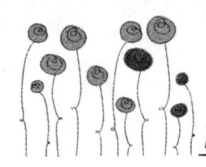

冷静的爱：告诉孩子如何独立成长

孩子最开始发育右脑、训练右脑的时候，会条件反射地说一些谎言，往往表现为创造出一些现实中没有的东西——在大人看来这是谎言，但是对小孩来说，这是大脑发育过程中的一个正常过程。

在生活的体验中，如果孩子想要创造，他会说出一些现实中没有的东西，也会说一些没有发生过的事情，但是这些事情又不是完全地无中生有。比如一个上幼儿园的小朋友，他说出来的内容有可能是班上小朋友偶然讲的一件事（比如童话书、动画片里看到的），也有可能是老师讲的某件事（比如老师说最近可能要开运动会，但不是真的开运动会），也有可能是他在路上看到的情景（比如某些店铺的装饰、玩具让他记住了），他回家以后，就会在合适的情境下，忽然说出一件刚好符合这些的事情："明天我们要开运动会，不仅有小朋友，还有鸭子也去！"

很火的真人秀节目《爸爸去哪儿》里有一集——孩子们要经过山洞，山洞比较黑，几个孩子吓得不行，但是其实山洞里什么都没有。

当几个孩子出了山洞，看到自己的爸爸时，争先恐后地描述山洞里"全是怪兽哦"、"有怪物"。

你能说孩子是在说谎吗？为了博得爸爸的关注和安慰而说谎？

显然不是。孩子们在山洞里受到了惊吓，他们把想象当成了现实。

当你的孩子说"有怪物"、"有怪兽"、"我们幼儿园有个怪兽会叫会飞"的时候，你千万不要面容严肃地制止孩子，因为孩子并不是有心说谎，家长郑重其事地制止只会吓到孩子。

年龄小的孩子出现想象型说谎时，家长不需要制止，也不需要表现得大惊小怪，只要顺着孩子说就可以了："真的吗？""什么样的？""然后呢？"家长甚至可以和孩子一起做游戏，顺着他的话配合他。

随着孩子慢慢长大，他对想象和现实会分得越来越清楚，想象型说谎

的现象也会随之消失。

类型 2：恐惧型

孩子为了保护自己而说谎，往往是为了逃避让他恐惧的事情。

比如有的孩子考试成绩不好，为了避免被家长说、被家长打，就自己篡改成绩。

为什么孩子会出现恐惧型说谎？因为他面对的人不被他信任，他认为说实话一定会受到伤害，所以他选择保护自己。这是孩子的本能。

如果想阻止孩子因恐惧而说谎，一定要找到孩子恐惧的源头，然后让孩子信任你。

当你的孩子犯错误的时候，如果他没有说谎，诚实地告诉你他做错了事情，是会受到你的惩罚、责骂，还是会因为诚实而得到表扬？

如果孩子偶尔一次考试成绩不好，你很生气，责骂甚至体罚了孩子，那么孩子下次考得不好，为了逃避你的怒火和惩罚，很可能就会说谎。

同样，如果一个小孩不小心打碎了妈妈的香水，之后告诉了妈妈，妈妈可能会生气地骂孩子，甚至打孩子。那么孩子就会认为：诚实不能给他带来快乐，还会让他挨打。下一次再做错事的时候，他的第一反应可能就是隐瞒错误，推卸责任，最终产生了欺骗。

如果你不想自己的孩子说谎，那么当孩子做错事并大胆承认的时候，首先要做的是语调温和地表扬孩子的诚实，而后温柔地要求孩子道歉。

如果孩子打碎了香水，你可以说："宝贝能够诚实地告诉妈妈，这是正确的，宝贝做得对，但是打碎了东西，是不是该向妈妈道歉呢？"如果小孩道歉了，并保证以后会小心，这件事就可以结束了。

父母一定要让孩子知道：诚实是让人欣赏的良好品质，诚实本身不会带来坏处。

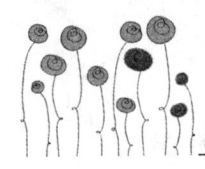
冷静的爱：告诉孩子如何独立成长

当你发现自己的孩子因为恐惧、为了逃避惩罚而说谎时，不要疾言厉色地拆穿他、指责他，而是要温和地告诉孩子：

只要你说出真实的情况，爸爸妈妈不会因为这个生气；

只有你说出真实的情况，我们才能帮助你解决这个问题。

当孩子有了安全感，他就不会再因为恐惧而说谎。

类型3：娱乐型

为了娱乐、觉得有趣而说谎。有一次，我在和一群孩子做游戏的时候，一个4岁的孩子用手打了一下我的右边肩膀，然后跑到我的左边去了，我就问："是谁打我？"这个小朋友说："不是我打的。"

我说："就是你打的。"

他说："不是我打的。"

然后他在等待我表现出很疑惑的表情。他知道自己在说谎，但他显然觉得这个行为很好玩。

这就是典型的娱乐型说谎。

类型4：担当型

有一种说谎叫作担当型说谎，小朋友说担当型的谎言，常常是为了别人，也就是所谓的"善意的谎言"。

如果你的孩子说出了善意的谎言，你首先要肯定他那一颗有担当的心，而后再慢慢去化解这件事情。

类型5：模仿型

孩子模仿他人的说谎行为。小孩子的模仿能力是很强的，如果大人说谎，孩子也会学着大人说谎。所以，如果不想让孩子说谎，家长首先要做好自己，给孩子树立一个好的榜样。

还有的孩子是跟身边的小伙伴学会了说谎。如果你用心研究那些说谎

的孩子，会发现他身边一定有个爱说谎的朋友。

所以，家长要尽量让孩子跟诚实的孩子交朋友。可能这个过程会比较困难，但是并非不可实现。

类型6：虚荣型

虚荣型说谎，在孩子说谎的比重中占得很大。很多小孩会说出虚荣型的谎言，比如明明考了80分，却告诉家长考了100分；自己家明明是普通的两居室，却告诉别人自己家是大别墅。

如果一个孩子的虚荣心强到需要通过说谎、通过欺瞒别人来得到满足，那么家长首先应该看到的，是这个孩子缺乏自信和渴求赞许。

在这个世界上，其实不存在虚荣心，只有荣誉心。只有得不到荣誉的人，才会出于荣誉心去干一些虚假的事、说一些谎话，也才出现了所谓的虚荣心。

当孩子想要得到赞许的心得不到满足时，就会进行虚荣型说谎。如果大人拆穿他说："你说谎，你这个孩子虚荣心怎么这么强？"

这对孩子的改变毫无益处。

最好的做法是肯定他，在他优秀的方面、出色的方面，去肯定他、赞许他。因为人性深处最殷切的需求是渴望得到别人的肯定。为什么孩子愿意去做虚假的事情？是因为他的荣誉心没有得到满足。

如果孩子常常能得到别人的肯定，他就不会为了别人的认可去说谎了。

类型7：病态型

最后一种类型的谎言，就是病态型谎言，这是唯一一个我认为需要花大力气去纠正的谎言。

当孩子进入到病态型说谎时，对父母来说已是无可奈何了。

什么是病态型说谎？它分为2种：

第一种：你知道真相，他也知道你知道真相，但是他还是对你说谎。

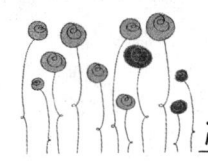
冷静的爱：告诉孩子如何独立成长

之前有个孩子的家长带他来见我，这个孩子就是病态型说谎——老师在学校布置了作业，回家他对家长说没有作业。家长打电话给老师，才知道今天有作业。他知道爸爸妈妈打电话给老师了，但还是坚持说：今天就是没有作业！

说急了，他甚至开始哭闹。而且这种行为不是一次两次了。

这个小孩就是典型的病态型说谎。

第二种：小孩在无关紧要的事情上说谎，既不是出于虚荣，也不是因为恐惧，而是在得不到任何好处的小事上习惯性说谎。

比如，他把地板弄脏了，明明弄脏地板没有人说他，他还是不承认，就不说是他弄脏的，而是一直说"我也不知道"。

有的孩子甚至会在"今天在学校吃了什么"、"今天和谁玩了"这种小事上说谎。

当小孩开始病态型说谎时，往往已经是很严重的状态了。

病态型说谎，往往是由虚荣型、恐惧型说谎发展而来的。

当父母第一次发现孩子说谎时，往往会非常严肃地对待，有的家长不仅会戳穿孩子的谎言，还会说一些很过分的话去伤害孩子。

一些比较老实的孩子可能以后不会再说谎。但是有的孩子很顽皮，好奇心也重，家长的严厉指责，反而会激起他的反抗心和斗争心，开始和家长搏斗和周旋。他发现，自己能够靠一些小聪明和小谎言与家长周旋，能够靠欺骗去考验家长的洞察力。

有时他的谎言没有被家长识破，他会有一种满足感，好像在游戏中玩赢了一样。这种病态型说谎，往往是被家长激发出来的。

所以，家长不要动不动就问：

你能不能说实话？

你能保证你说的是真的吗？

你没有骗我吧？

你没有说谎吧？

这些话不仅不能让孩子变诚实，反而会促使他说更多的谎。

让孩子不再说谎、信任你的6个法宝。

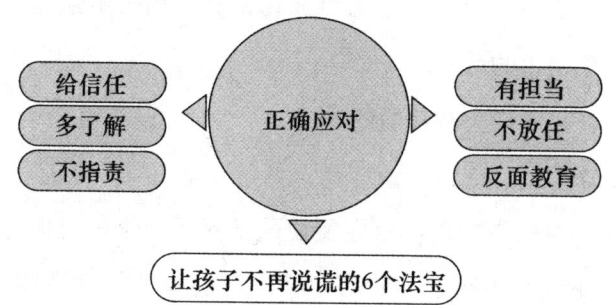

给信任：无条件地信任你的孩子

我曾经做过一项调查，调查的对象是一所小学里的七十多个小学生，他们大都十一二岁，刚刚进入青春期。

我向他们提出了一个问题：如果你有心事，你会选择对谁诉说？选项有3个：第一是爸爸妈妈，第二是老师，第三是同学。

大部分孩子选择了同学，还有很少一部分选择了老师，只有两个孩子表示，"偶尔"会和自己的父母说。

这意味着什么？意味着他们从骨子里不信任自己的爸爸妈妈，这是相当严重的事情。只有孩子认为和爸爸妈妈说也没有用、和爸爸妈妈说也解决不了问题时，他们才不会对爸爸妈妈说出自己的心事。

有的孩子甚至告诉我：有时告诉爸爸妈妈自己的心事，他们不仅不把它当回事，还会认为自己在撒谎。

所以，如果你希望你的孩子长大以后仍然愿意和你说心事、信任你，

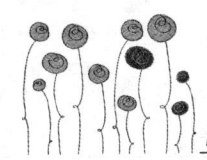

那么你首先要做的，是无条件地信任你的孩子。

很多时候，父母给孩子的感觉是：好像我说什么，爸爸妈妈都不会在意，我说的话，爸爸妈妈也不相信。这样一来，孩子就会丧失和家长沟通的意愿。

当孩子有心事的时候，要做孩子耐心的听众。不要说"你别胡思乱想了"、"你瞎说什么呀"、"玩去吧"、"你真是身在福中不知福"等这些容易让孩子对失去信赖感的话了。

有担当：让孩子成为有担当的人

从小就要让孩子养成自主做选择、对自己行为负责任的习惯。

让孩子成为有担当的人，首先要让孩子养成一个好习惯：自己的事情自己做。千万不要替孩子包办所有事情。有的家长什么事情都替孩子做，其实是在害孩子。此外，还要让孩子养成第另一个好习惯：为自己的行为承担责任。家长要鼓励孩子、引导孩子成为一个负责任的人。

什么是负责？

说出去的话要算数，守承诺，这是负责任；做错了事情要主动承认错误，主动承担后果，愿意为了错误而道歉，愿意去弥补，这也是负责任。

当孩子出于懦弱和害怕，不愿意主动承担责任时，家长要学会鼓励孩子，告诉孩子怎样做是对的；当孩子承担责任时，家长要给予赞许，给他留下"做错事要承担责任，是件非常棒的事情"的印象。

不指责：不要随意指责孩子"说谎"

我希望父母们，尤其是有5岁以下孩子的父母们，不要轻易判定孩子"说谎"，不要用"说谎"这两个字去定性孩子的行为。

对小孩子来说，是没有"说谎"这个概念的，他们只有"不想说出真相"和"不敢说出真相"的想法，而不是故意要说谎欺骗大人。

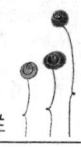

说谎，是一个非常成人化的、带有贬义和道德上的指责的词语。

当孩子说出一个不真实的情况时，如果大人疾言厉色地骂孩子"你怎么能说谎呢？""这孩子怎么这么不诚实呢？""小小年纪就对父母说谎，长大了怎么得了？"这些大帽子一扣，虽然小孩还不知道说谎是什么，但是他会从你的表情、语气中得出，这是件非常不好的事情，甚至可能会认为自己是非常不好的孩子。

不要把"说谎"这个标签贴在孩子身上。如果孩子说的话不真实，那么家长可以做出善意的引导，用"说出事实"、"说出真实的情况"去代替"别说谎。"

如果家长要让孩子说实话，可以这么说："宝宝，妈妈觉得你说的好像不是完全真实的情况呢！宝宝信任妈妈吗？可以把真实的情况说出来吗？"而不是说："宝宝，咱们不撒谎好吗？"

对孩子来说，前者比后者容易接受得多，也不会在孩子心中留下阴影。

不放任：不要因为觉得"有趣"、"孩子还小"就放任孩子说谎

当孩子出现说谎行为的时候，你是否进行了制止？

很多大人因为觉得孩子说一些无伤大雅的小谎没什么，甚至有的大人会觉得这些孩子气的行为很可爱，从而就让它这么过去了，这是不对的。孩子说谎这件事本身并不好玩，大人无原则的爱也不是大爱。

说谎就是说谎，如果孩子说了虚荣型、恐惧型的谎言，大人一定要温和地指出，最好引导孩子说出真相。

不过切记，不要过分严厉地指责。家长的过度反应，反而会适得其反。

多了解：了解孩子说谎的类型和原因

当孩子说谎时，首先要学会分辨孩子说谎的类型，孩子为什么会说出这种话。有的谎言是不需要大惊小怪的（比如想象型和担当型），有些则需要慎重对待（比如虚荣型和病态型。）

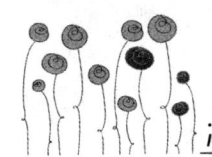 冷静的爱：告诉孩子如何独立成长

重视反面教育

一定要重视反面教育，千万不要把孩子放在完全美好的真空一样的环境中任其成长。

如果孩子身边有说谎的朋友，有打架的朋友，有不听话的朋友，可以通过这些具有负面行为的小朋友去教育他。

不要因为怕孩子会学坏，就不让他看到社会上、日常生活中里坏的那一面，因为他早晚都会看到。与其等他自己看到如让他在你面前就看到，这样，你还能对他加以引导。当孩子什么都见识过了，他就不会被轻易地迷住或者吓倒。

反面教育，靠的是父母的智慧。

Chapter4 为什么会这样

24. 为什么孩子这么小就开始"偷钱"？

性和金钱是父母在对孩子的教育中最容易忽视的两个方面，但这两方面会对孩子人格的塑造产生巨大的影响。如果孩子在小时候没有对性和金钱树立正确的观念，就会影响其今后的成长。

如何对孩子进行金钱方面的教育是值得每个父母用心思考的问题。孩子对于金钱的态度需要有人对其进行引导，让其在支配金钱的时候持正确的态度。

孩子在儿童时期就会从父母的消费行为中了解到金钱能够进行交易；金钱能够满足自己的欲望；通过金钱能得到自己想要的东西；当自己想要一样东西时，可以直接向父母索要金钱，然后换取自己想要的东西。

但大部分父母都不会对孩子索要金钱的要求予以全部满足，所以在欲望的控制下，孩子就会偷偷从家里拿钱，然后去外面挥霍，购买自己想要的东西。这种行为在儿童时期是非常常见的，对父母来说，这是一个教育孩子的

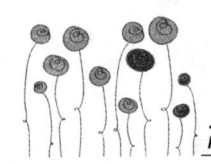

好机会。但是很多父母对于这个机会都没有把握住,而是对孩子的这种行为非常愤怒,采取暴力等手段去处理,这样很容易让孩子在心理上产生阴影。

帮助孩子建立正确的金钱意识

孩子不成熟,不意味着他不需要金钱,作为一个孩子,其认知能力还不够成熟,也无法为社会创造价值,但这些并不意味着他不需要金钱。孩子对于金钱的需求是很多父母很多时候不会在意的,而父母又是为孩子提供其所需的一切物质需求的人,所以父母对于金钱的态度对孩子来说非常重要。

那么应该如何指导孩子树立正确的金钱观念呢?

人们在现实生活中离不开金钱,金钱能够让人有安全感,并且能够使自己的欲望得到满足,所以孩子也希望手中能够拥有为自己所支配的金钱。

有位教育学家曾经说过:"对金钱进行管理实际上就是对自己进行管理。"这就是金钱对人的性格成长起到重要作用的原因。

孩子喜欢金钱,但因为年龄小,其对于金钱还没有管理能力,手中的金钱也有限,经常会感觉自己的需求难以被满足,处在这个阶段的孩子就需要父母与其进行沟通。父母应通过探讨的方式教会孩子如何对自己的零花钱进行管理,如何对待自己的物质需求。

孩子需要什么,可以让他直接告诉父母,哪些需求父母可以满足,哪些需求不能够满足,父母可以同孩子进行平等的对话,以达成共识。一些暂时不能满足的需求可以让孩子等待一段时间,或者使用其他方式去代替。这些事情都可以和孩子进行沟通,但不要将孩子对金钱的需求一口回绝。

当孩子看到父母自由地支配金钱,而自己想要一点零花钱的愿望都得不到满足时,内心就会产生不平衡感,除非父母平时在金钱方面比较节俭,以身作则,为孩子树立起榜样,孩子自然也就不会再在金钱上有过多的欲望了。

父母应将孩子放在与自己平等的位置,主动与孩子谈论金钱的问题,谈

论他的需求，讨论其需求是否可以得到满足，哪些要求是合理的，哪些是暂时不必要的，想要满足自己的需求，孩子需要做出怎样的努力。这些都是对于金钱的态度和理念，它能够让孩子开诚布公地谈论金钱问题，这样一来孩子也就不会再偷偷从家里拿钱出去挥霍了。

当孩子产生偷钱的行为时，大人一定不要用"偷"这个字眼。一个孩子在童年被冠以"偷"字，对他终生都可能是个阴影。而应该从以下几方面来解决问题。

了解动机——温和地询问孩子拿钱做什么

一定要探明孩子偷钱的动机，了解孩子是出于好奇，还是为了满足某种需求。

每个孩子都是不同的个体，家庭环境也不同，在了解孩子拿钱的动机之前，不要轻易地对孩子进行批评和惩罚。

告诉孩子"不问自取"是不对的。要让孩子了解到，需要钱可以和爸爸妈妈商量，但是不能自己拿，并给出具体的要求：爸爸妈妈希望你下次想要钱的时候，能够和爸爸妈妈商量。

满足欲望——满足孩子偷钱为了完成的事情

有的家长可能会问：孩子偷钱，我们还满足他的欲望，岂不是助长他偷吗？

还是前文说过的，孩子心里是没有"偷"这个概念的，他只是需要某种东西，而钱能够满足他的这个需要，于是他就把钱拿走了。

如果家长不帮他满足这个需求，他的欲望只会留在那里，欲望是不会消失的，而原本是 10 元能满足的欲望，在久久得不到回应后，也许以后 100 元、1000 元也满足不了了。

我认识一个朋友，她热衷于收藏唇膏，她收藏了五百多支唇膏，都是名牌，平均价格在 200 元左右，这五百多支唇膏，花掉了她十多万元。而唇膏一年顶多消耗掉几支，大多数唇膏都会在 3 年以后过期。我问过她，为什么如此热衷于购买唇膏。

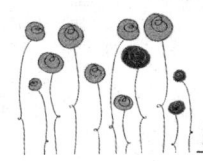

冷静的爱：告诉孩子如何独立成长

她说在她小的时候，很喜欢妈妈的唇膏，找妈妈要，妈妈不仅不给，还对她说："小孩子抹什么唇膏。"但是妈妈不知道她只是喜欢它的外壳。

有一天，她终于按耐不住，把那支唇膏偷走了。妈妈哪里都找不到，最后在她的书包里找到了，随手给了她一个耳光。

于是她从开始工作时起，就不断地收藏唇膏，每出差到一个地方，下飞机后做的第一件事就是去买唇膏，心情不好时也要马上打车去买唇膏。唇膏成了她的一个执念。

小时候一支唇膏就可以满足的事情，长大以后五百支唇膏都满足不了。

解决根源——从孩子情感的源头去解决他的匮乏感

注意，家长对孩子欲望的满足行为，仅限于孩子第一次偷钱。

如果发现孩子第二次偷钱，就不能再助长他这种行为了。要注意的是，如果孩子在第一次偷钱其需求得到满足之后，还得寸进尺，那么就可能是孩子的心理出了问题。

一般来说，只有情感极度缺失的孩子，才会出现过度的虚荣和恋物的行为。这本质上是情感的缺失，是物质无法满足的匮乏感。

孩子情感上的缺失，可能是没有得到家人的认可，也有可能是缺少父母的陪伴。

父母要从他情感的源头去解决问题。

正面鼓励——对孩子不再偷钱的行为给予正面鼓励

当孩子不再偷钱，即使是阶段性的胜利，父母也要给予孩子积极的鼓励，对他的改变进行赞许，并给予一定的奖励。

父母对孩子知错能改行为的肯定，能够给孩子带来很大的正面意义。

孩子偷钱的问题其实根本不复杂，也并不难解决。唯一的难点在于，每个家庭中的每个孩子的特殊性——对孩子的教育是需要因材施教的。

25. 孩子，为了你的野蛮成长，我会用上所有的智慧！

妈妈的来信：为什么孩子总是指使大人？

我的女儿琳琳今年3岁，她常常会有一些奇怪的行为，是我理解不了的。最近每天晚上，只要到了睡觉的时间，她就爬到床上，把她心爱的睡觉时要抱着的熊宝宝扔得远远的。

然后她还要我和她爸爸帮她捡回来。

但她并不是一开始就让我们捡的，而是自己躺在床上，假装把手往外伸，伸了一会儿，就说："琳琳够不着。"

刚开始我们并没有在意，就帮她把玩具熊捡回来让她抱着睡。反复几次后，我们发现如果我们不主动给她捡，她就会一直在床上做伸手去捡的

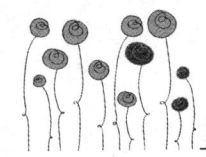

冷静的爱：告诉孩子如何独立成长

动作，就是不下床。

我对琳琳说："宝贝，你的东西掉了，你应该自己捡，对吧？"

她说："对。"

我说："那你为什么不捡呢。"

她左右看看，说："我捡不到。"

我说："那你一开始为什么要把熊宝宝扔那么远呢？"

她就不说话了。如果我问得频繁了，她还会表现出很着急、要哭了的样子。我虽然没办法了，但还试着教育她："宝贝，你自己的事情应该自己做。你把熊宝宝扔远了，指使爸爸妈妈去捡，这种行为是不对的。爸爸妈妈是不会纵容你这么做的。"

我想不明白孩子为什么要这么做，可能她觉得指使大人是件很有趣的事情，或者这是她对大人能够让步到什么程度的一种试探？

我觉得孩子指使大人这种行为是不对的。请问我该怎么制止她？

在孩子的成长过程中，大人常常会发现，孩子会有一些自己无法理解的行为。从大人的角度看，这些行为常常是负面的。

比如来信中的妈妈，认为孩子是故意扔玩具指使大人捡。在妈妈的心里，这种行为当然是不好的，是家长必须要纠正的。

如果我们不懂教育学、不懂孩子的心理，往往会用自己的经验去判断孩子的行为。

然而，当孩子出现我们所不能理解的行为时，我们首先要做的是摒弃成见，学会从孩子的角度去看待问题。

第1步：摒弃成见。摘下自己的有色眼镜，和孩子一起成长

孩子在面对自己做不到的事情时，就会指望大人。但是在大人眼里，这是指使。为了孩子的自由成长,大人首先要摘下自己的有色眼镜,进入孩子的世界,了解孩子的内心。

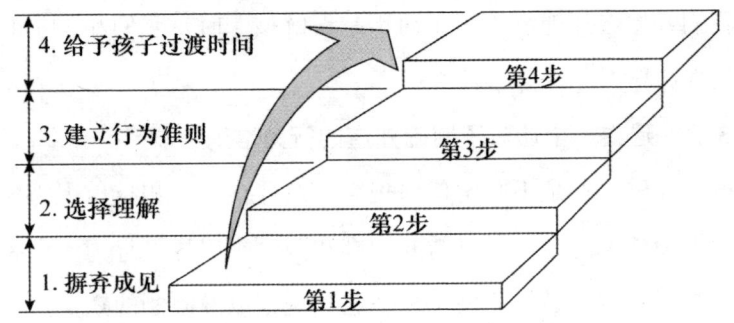

当孩子出现我们不能理解的问题时家长的正确做法

对孩子来说,在大人看起来很出格、需要严加管教的各种行为,也许只是他们对新世界的试探、对新玩法的探索。

孩子常常会把玩具、物品看作是自己的延伸。玩具熊宝宝能够到的地方,他就会认为他也到了。这种试探性行为常常会在刚刚开始懂事（1～3岁）的孩子身上出现。

如果家长对孩子的这种行为大惊小怪,随意给孩子贴上"麻烦大人"、"指使大人"的标签,实际上是对孩子探索行为的打击。

第 2 步：选择理解。选择理解孩子,而不是误解孩子

什么是理解,什么是误解？

在我看来,任何时候当我们揣测别人行为背后的动机时,都应给对方预设一个良性动机,相信对方"不是出于恶意",而是"出于某种我不理解的善意",这就是选择理解的开始。

总是从坏的角度去揣测别人的动机,比如认为孩子扔东西是为了指使大人,认为孩子不听自己的话是因为调皮——这些都是预设了一个坏的动机给孩子。

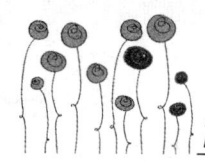

冷静的爱：告诉孩子如何独立成长

根据我的经验，孩子 90% 的行为背后，其实都是良性动机。孩子的内心非常单纯，也非常纯洁，很少有孩子会怀着恶意去做什么事。

当我们开始选择理解孩子，而不是误解孩子时，我们和孩子的相处就进入了良性循环。

第 3 步：建立一个让孩子明确知道的行为准则

对孩子尊重并不是不制定任何规则、放任孩子，相反，因为孩子自身缺乏控制力和辨别能力，所以需要规则和限制来引导其行为。当家长向孩子表述这些规则时，必须让孩子理解这些规则以及限制的意义，不要仅进行口头的限制，因为通常当孩子在面对一条新的行为准则时，他会去观察父母是否真的按准则要求监督自己的行为。

礼貌的言行并不是一两天就能够做到的，这需要孩子学会控制自己的言行并且能够理解他人的感受，这对孩子来说有一定的难度。所以父母只有通过自身的行为言传身教，才能对孩子的行为产生潜移默化的影响。

注意，对孩子的行为指示要简单。

对于太复杂的内容，孩子理解不了。大人长篇大论的说服教育，往往带给孩子的只有情绪，没有内容。

所以当大人希望孩子做什么的时候，指示要简单明确，态度要亲切。如果能把这些转化成好玩的说法，则会更容易让孩子接受。

家长可以用亲切的态度询问孩子："妈妈发现你的行为真有趣，能告诉妈妈为什么要这么做吗？"

"爸爸觉得你扔小熊的动作好好玩，能和爸爸一起玩吗？"

当孩子给予肯定答复后，再渐渐深入他们的内心。

一位非常著名的心理学家曾说过："孩子不能拒绝的事物只有两个——

柔和的态度和好玩的玩具。"

家长同时还要告诉孩子："知错能改就是好孩子。"

《弟子规》中说："过能改，归于无；倘掩饰，增一辜。"意思是：知错能改，就能抵销掉错误；如果错了还不承认，那就是错上加错。爸爸妈妈平时可以教孩子《弟子规》，其中有很多做人的道理。这样当孩子做错事情后，就可以用《弟子规》中的内容去询问他们，让他们自觉改正。

第 4 步：给予时间。想让孩子改变需要给他过渡时间

孩子的活动节奏同成年人不同，和成年人相比，孩子的活动节奏要慢得多。所以，当希望孩子做出改变时需要提前告诉他，多提醒他几次，同时可以使用一些能够帮助孩子实现心理过渡的做法。比如当你想让孩子离开动物园时，可以和孩子一起唱一首你们自己编的"离开歌"，从而有效地帮助孩子进行心理过渡。

妈妈的回信：我和孩子一起"合作"

昨天晚上，在准备关灯睡觉的时候，琳琳又把玩具熊扔到了床外，伸手试探了几次之后，开始自言自语："我够不到怎么办啊？"

我说："宝宝啊，妈妈发现你扔熊宝宝，特别有趣，能告诉妈妈为什么要这么做吗？"

孩子说："熊宝宝要睡前巡逻。"

我被孩子逗笑了。然后我说："你是想带熊宝宝回来，但是够不着吗？"

孩子说："是啊，妈妈你能帮我拿一下吗？"

我说："妈妈不是不能帮你拿，而是妈妈觉得，如果琳琳能自己去把

冷静的爱：告诉孩子如何独立成长

熊宝宝带回来，是非常勇敢、非常棒的行为！"

她认真地看着我，自己想了会儿，然后说："我有点怕。"

我才意识到，我把大灯关了，只留了个小小的壁灯，床的那一边有点黑，她可能确实是害怕。于是我说："没关系，你去捡熊宝宝，妈妈跟着你，好吗？"

她点点头，开始下床，然后我跟着她一起去捡玩具熊。她特别开心，一边害怕地叫着，一边跑过去把熊宝宝捡回来了。

我抱了抱她说："琳琳真厉害，琳琳自己把熊宝宝带回来了。真是懂事的小孩。"

她显露出特别高兴的样子。唉，宝贝对不起，妈妈误解你了。妈妈不应该认为你是故意指使妈妈。妈妈保证以后再也不误解你了。

Chapter 5 真爱如是

曾经有人问我：如何教育出一流的孩子？

我回答说：首先，我们要成为一流的父母。

如何成为一流的父母？

让我们负责好好学习，让孩子负责天天向上。

同时，在成为"理想的爸爸妈妈"的道路上，有很多事情要做：

我们要帮助孩子养成读书的习惯，这将是他成长路上最好的发动机；

我们要成为他的咨询顾问，为他提供思路和见解，但是决定权始终在他手里。

我们要教他如何交朋友，但是绝不替他决定谁是他的朋友。

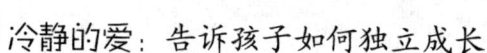

26. 我们负责好好学习，你负责天天向上

孩子，为了你，我会坦诚地面对自己

坦诚地面对自己，是爸爸妈妈走向成长的第一步。

成长的过程不是一帆风顺的，孩子的成长如此，大人的成长当然也不例外。我发现很多父母，尤其是80后年轻的爸爸妈妈，因为受到了新的教育观念的影响，常常会出现新的教育观念和旧的教育习惯相冲突的现象，以致变成了这样一种循环：

好，我要做个好的开明的爸爸。我不能随便对孩子发脾气，我要讲道理。

我怎么对孩子发脾气了？真是对不起孩子啊。下一次我一定要改正。

我怎么又发脾气了？我是不是不适合这种教育方法啊？

道理我都知道，但是做起来好难。

道理谁都知道,但是谁又能完全做到呢!真不靠谱!

最后因为不断失败而放弃了。

这种放弃,本质上来说是为了避免自己再次失败,索性不再尝试了。

针对这种情况,我给出的建议是:要坦诚地面对自己,接受自己——接受成长不是那么容易的事实,也接受自己是个普通人的事实。

在成长为"理想的爸爸妈妈"的路上,我们会遇到很多阻碍,有些来自外界,有些来自我们的内心,有些来自孩子。

偶尔做不到,是非常正常的,下次继续努力就好了。多多改善,多多进步,不要沉浸在失败或后悔的情绪中。

不要苛求自己成为"完美"的父母,要督促自己成为"比以前更好"的父母。

没有一种教育方法、教育理论能够解决我们育儿过程中遇到的所有问题,同样的父母,同样的教育方法,也会培育出性格迥异的孩子。所以我们在尽自己最大努力的同时,要学会不强求。

以前我常常说,教育是父母的以身作则,教育也是父母耐心细致地感化。慢慢地,我发现,教育其实是双向的,它并不是父母单方面地感化孩子,而是父母和孩子共同达成目标。

比如说,父母希望孩子有毅力,那么在帮助孩子养成有毅力的心态这件事上,父母首先要有毅力。因为孩子总在模仿父母,并最终超越父母。

拥有一颗成长的心

成长的心,要求父母和孩子一起成长,而不是单方面地对孩子进行限制和干扰。

我常常听别人催已婚的夫妻生小孩,当对方表示"还不想要、还不

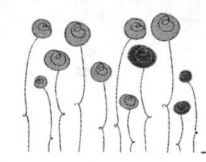

冷静的爱：告诉孩子如何独立成长

够成熟"时，催促别人生小孩的人往往会抛出一个理论："不成熟没关系，孩子生下来，大人就成熟了！""孩子养着养着，大人就成熟了！"

怎么可能？不成熟的父母带小孩，往往会把自己累得东倒西歪，把孩子带得七零八落。偏偏不成熟的父母是意识不到自己的"不成熟"的。

无论父母在经济和精神方面做了多么周全的准备，读过多少育儿的书，了解了多少教育理论，要带好一个小孩，仍然需要一颗成长的心——时刻和孩子一起成长，时刻反思自己的行为。

现在有些父母，迷信西方的教育方法，完全采用西方的教育方法，但是西方的教育未必适合我们的社会环境。

西方讲究父母无条件地接纳自己的孩子；而我们中国人讲究孩子要无条件地接受父母。西方讲究，不要对孩子进行体罚，不要用过于严肃的语言对待孩子；而我们中国人讲究，父母要严格教育孩子，玉不琢不成器。

西方人对父母可以直呼其名；但如果我儿子长大了，直呼我的名字：詹惠元！我会感到很不舒服的。

这就是我们和西方人的区别。古代岳飞的妈妈，在孩子身上刻字：精忠报国。这种做法，在我们现在看来是虐待，但岳飞照样成了民族英雄。

中国的教育方式和西方的教育方式有着本质的区别，西方讲究自由和公平，但是这个世界上没有绝对的自由和公平。无论是学习、高考、竞争，都没有绝对的公平。所以说，结合西方的智慧和中国传统教育的智慧，才是最适合我们的孩子的教育。

现在成长还来得及

在某部电影中，十七八岁的女孩失去了妈妈，跟爸爸和弟弟一起生活。由于弟弟还小，照顾起来很费力，爸爸就忽视了和女儿的交流，父女之间的隔阂日渐加深。

有一天,女孩出了车祸,爸爸开始像她小时候那样照顾她,却不得其法。

为了让行动不便的女儿打发时间,爸爸带给女儿一个礼物筐,里面装了书籍、食物、摇铃(用来呼唤爸爸)。

当女儿看到食物中的肉食时,无奈地说:"爸爸,我是素食主义者。"

爸爸说:"When did that happen(什么时候的事)?"

什么时候她变成了素食主义者——电影里,那个父亲的表情非常迷茫,又带着一丝伤感。

如果我们不去了解自己的孩子,当孩子渐渐长大,我们常常会问:When did that happen?

孩子,你从什么时候开始喜欢那个明星的?

你从什么时候开始不愿意和爸爸妈妈聊天了?

你从什么时候开始谈恋爱的?

当父母面对这些问题时,才想起和孩子深入沟通,建立良性的情感依赖,恐怕已经晚了。

现在就认真了解你的孩子,倾听他的喜怒哀乐、他的爱好、他的厌烦,一切都还来得及。

给孩子的行为制定规则、设置边界

每个家庭都应该有绝对不能触犯的规则和底线。比如我家里的规则是:

大多数事都可以跟父母商量,但是不可以欺瞒父母;

可以玩,但是不能玩到晚上12点以后;

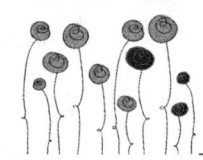
冷静的爱：告诉孩子如何独立成长

如果真的不想做的事情可以不做，但是不能通过装病和欺骗父母来逃避；

如果觉得父母的做法让自己不开心了，可以回家后和父母商量，但是任何时候都不允许在外面对着父母哭闹……

这些都是我家里必须遵守的原则和底线。

在没有两全其美的办法时，制定规则是很管用的。父母必须让孩子明白，在一些事情上，没有讨价还价的余地。

不过父母可以在明确规则和底线后，告诉孩子原因，并与孩子一起找出解决问题的办法。

与其简单地说"不能做这个"，不如用"不能做这个，但是可以做什么"来代替；不仅告诉孩子"不能做这个"，还要告诉孩子"为什么不能"；和孩子一起分析，如果不能做这个，如何寻找替代的方案来满足他的愿望；通过幽默的方式来解决问题。

Chapter5 真爱如是

27. 孩子，爸爸妈妈永远不做你的"梦想终结者"

2008年美国举行总统换届选举，民主党的奥巴马在选举中获胜，成为美国历史上首位黑人总统。实际上，奥巴马在上小学的时候就有了总统梦。奥巴马的童年并不顺利，然而，在成为总统的梦想的驱动下，奥巴马如同苦行僧一般约束自己，成功地进入了哥伦比亚大学学习国际关系专业。他毕业之后在芝加哥的一个贫民社区工作了3年，3年的工作让他更坚定了自己要成为总统的决心。

之后，奥巴马先是成为了参议员，并在2004年民主党的一次全国会议上崭露头角，得到了民主党内部的重视。4年之后，奥巴马成为总统候选人，并在竞选中胜出，成为美国总统。奥巴马在成为总统之后曾经说过："自己以及父辈们的梦想都是自己的前进动力。"

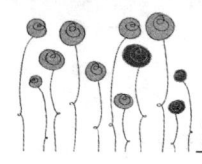

冷静的爱：告诉孩子如何独立成长

每个孩子都有自己的梦想，这些梦想可以成为他们今后的人生目标，为他们提供前进的动力。在孩子成长的过程中，梦想的作用非常重要。

梦想：孩子的核心驱动力

"你为什么要努力学习？"

有自己梦想的孩子对于这个问题会有很多答案，比如"为了长大去太空""为了成为科学家"，还有的孩子可能会说："为了做出世界上最好吃的零食。"这些回答看上去似乎有些幼稚，但是同成年人"为了今后有钱有房有地位"这样的答案相比，孩子的答案更有意义，也更远大。

孩子因为年龄小，可能最初的梦想会显得十分幼稚，随着年龄的增加梦想还会不断发生变化，但是如果孩子一直都有自己的梦想，那么他就一直都会有前进的动力。

但是有些父母，常常在不知不觉中，成为了孩子的梦想终结者。

父母那些会毁掉孩子梦想的行为包括：

行为1：否定——"你怎么能把卖包子作为自己的梦想呢？"

当一些父母听到自己孩子的梦想太低级或者不切实际时，立刻就会做出否定。比如有的孩子说自己长大了要开一家包子店，因为孩子喜欢吃包子，父母却说："开包子店太没出息了，也赚不到钱，你长大后应该去开公司，赚大钱。"有的孩子说"我长大后要去月球"，家长却说："这怎么可能？你现在还是好好学习，别整天瞎想了。"家长随意地就否定了孩子的梦想，却不知这会大大打击孩子的进取心。很多小学生不爱学习，其中很大一部分原因就是缺少梦想，没有前进的动力。

行为2：诱导——"宝贝快说出一个梦想来！"

孩子的梦想需要家长的引导，但并不是让家长去诱导。

有些家长急于让自己的孩子有自己的梦想，想让孩子在短时间内变得

努力、向上、聪明。但是通过观察,他们并没有发现孩子有什么梦想,于是就采用引诱的方法让孩子说出一个梦想。

"宝贝你的梦想是什么?"

"你能想出一个梦想来吗?"

"你看隔壁家的小明长大以后想做科学家,你长大以后想做什么?总不能比小明差吧!"

家长为了让孩子尽快找到梦想,甚至强迫孩子编造一个梦想出来,如果孩子编出来的梦想正好符合家长的心意,家长此后就完全不考虑孩子的感受,只知一味逼着孩子为了这个梦想去努力。

行为 3:定制——"爸爸让你有什么梦想,你就得有什么梦想"

不要为孩子定制梦想。

现实生活中有 3 种情况很常见:一是家长自己小时候的梦想没有实现,就将这个梦想强加给孩子,想让孩子替自己圆梦;二是一些事业有成的家长想让孩子今后继承自己的事业,就让孩子沿着自己走过的道路重走一遍,复制自己的梦想;三是一些家长出于功利性的目的给孩子设计了一个梦想,然后强迫孩子去完成。

否定、诱导、定制,这 3 种行为毁掉了孩子的梦想。逼出来的梦想,不是真的梦想。为了编造的梦想去努力,也会缺乏真正的动力。

梦想,必须是孩子发自内心的,是他真正认可、真正想要实现的目标。

如何去引导和保护孩子的真正的梦想?

关键 1:了解孩子的梦想——"我们一起来讨论下你的目标和梦想吧"

一方面,父母要了解孩子的梦想,然后对孩子的性格、爱好以及能力等各方面因素进行分析,引导孩子确立自己的目标。虽然孩子可能有自己的目标,但是通常比较多变,所以父母要引导孩子将自己的梦想说出来,

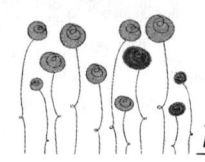

然后和孩子一起讨论,让孩子认真地去考虑,使其目标变得更加成熟。

另一方面,父母可以作为孩子学习的榜样。孩子心中有了自己的榜样的话,对其实现目标有很大的帮助。

关键2:鼓励他的梦想——"你一定能做到"

比尔·盖茨曾经说过一件事情。在他小时候,他问过母亲一个问题:"我长大之后能干什么?"他的妈妈回答:"如果你进入军队,那么你将成为一个将军;如果你进入教会,那么你将会成为一个教皇。"比尔·盖茨在听到母亲的回答之后,就为自己定下了目标:"我要成为最顶尖的人"。迈克尔·乔丹在小时候曾经做过一个梦,他梦见自己在篮球场中飞行,当他将自己的这个梦告诉母亲时,母亲告诉他:"你一定能够在球场中飞起来。"

但有一点是需要父母注意的,就是不能过于急切。不要因为孩子的表现没有达到自己想要的程度就对其进行批评指责,这会严重打击孩子的积极性和自信心,相反,要多去引导和鼓励孩子,让孩子继续努力。

关键3:让梦想成为孩子成长的动力

父母首先要学会保护孩子的梦想,并根据实际情况,将孩子的梦想转换为有可能实现的目标。

如果孩子的梦想是做个医生。我们可以这样帮助孩子去分析:"你梦想成为医生,这是很好的。爸爸妈妈相信你可以成功,不过也得付出努力才行。成为医生,首先要有很好的学习成绩,因为医学院不好考,所以你要保持优异的成绩,不要让成绩成为你梦想的绊脚石;此外,成为医生是很辛苦的,所以你可以先了解一些简单的医学常识,多看多学习,在这个过程中,你会更了解医学,你也可以在这个过程中检验自己的诚意——自己是不是真的想成为医生。不过,妈妈更愿意先和你一起看几部关于医生的电视剧！"

通过创立目标、制订向目标前进的步骤，孩子会一步步靠近他的梦想。在这个过程中，他也会觉得非常充实、快乐！

注意，不要急于为孩子固定梦想。很多孩子并不知道自己真正的长处和兴趣是什么，所以他们的梦想常常会改变，这是很正常的。通常孩子年龄越小，其梦想就越容易发生变化。对于孩子的梦想，家长要做的就是多倾听和多观察孩子，保护和引导孩子，而不是否定孩子的梦想或者立刻就为孩子的梦想定性。

当孩子随着年龄增长逐渐走向成熟时，其梦想也会越来越坚定。

梦想也有成长的过程，其过程与生命成长的规律一样。孩子的梦想就像一颗种子，当种子被种下之后，什么时候能够发芽，什么时候能够结果，这些都要符合自然规律，拔苗助长的行为只会适得其反。

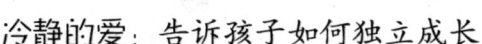
冷静的爱：告诉孩子如何独立成长

28. 孩子，让我帮你组装成长的"发动机"

读书是一个非常好的习惯，帮助孩子养成爱读书的习惯就等于为孩子在心中装上了一台成长的发动机，使之在孩子的成长道路上不断为他提供动力。有了动力，父母就不用再担心孩子没有上进心了。

读书对于孩子各方面的成长都有十分重要的作用，这个习惯将会对孩子的一生产生影响。书对孩子来说，不仅能够提供丰富的知识，它还能成为孩子的好朋友。喜欢读书的孩子可以从读书的过程中获取快乐，舒展心灵。读书能够为孩子打开学习之门，因为它是所有学习的基础。

孩子通过读书锻炼集中力和学习能力

孩子的阅读和他们的学习动力以及成绩成正比。

一般来说，孩子越喜爱阅读，他的学习动力就越强，成绩也会越好。因为他们的知识更广泛，另外在长久的阅读活动中，他们也锻炼了集中力，

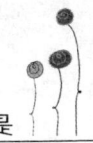

而良好的集中力能够帮助他们在学习时获得更好的学习成果。

孩子通过读书了解自我和世界

读书同时也能扩展孩子的视野，丰富他们有限的人生经验；能够为孩子架起一座桥梁，连接他们的内心和外界，帮助他们认识自我和世界，增强他们的自我发展能力。

孩子通过读书体验情感

热爱阅读的孩子，往往能够从书中体会人类的种种情感：快乐、忧伤、好奇、愤怒、兴奋、平静、怜悯……几乎所有高贵的情感都能从书中获取。

丰富的情感体验能够促进孩子的精神成长，使他们的精神得到滋养。从这些情感中，他们能够对生活产生热情，永远保持向上的精神。而向上的精神，是孩子成长最有利的翅膀。

在信息化时代，读书还有特别的价值——我们无论做什么都需要掌握信息，而阅读是了解信息的重要途径。

在上述关于读书的种种好处中，孩子能够从读书中得到快乐，这是最重要的。

如何让孩子养成爱读书的习惯？

关键1：阅读习惯要从小培养

没有孩子是天生就热爱读书的。如果能从孩子小的时候，就帮助他建立良好的阅读习惯，那么这个习惯将陪伴他终生。

比如在孩子很小的时候，就可以根据他的年龄和行为习惯，给他选择合适的图书。一两岁的孩子可以看绘本、幼儿画报等。

关键2：和孩子一起阅读

孩子的注意力不容易集中，所以需要家长和孩子一起阅读，一起看绘本。家长可以把绘本中的故事讲给孩子听。

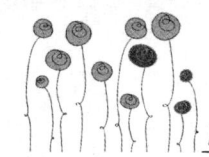
冷静的爱：告诉孩子如何独立成长

当孩子开始认字之后，爸爸妈妈就可以和孩子一起读书。这时家长要注意的是，一定不要拔苗助长，让孩子自己读有很多字的书。

正确的做法是慢慢来，和孩子一起读有画有字的书，比如爸爸妈妈读两句，孩子读两句。也可以和孩子一起扮演书中不同的角色，比如妈妈扮演外婆，爸爸扮演大灰狼，孩子扮演小红帽，一人一句地读书。

一定要让孩子觉得读书的过程很有意思，他才会真正喜欢上读书。

关键3：选择适合孩子年龄和爱好的书

我很喜欢做的事情就是和孩子一起逛书店，帮孩子挑选他喜欢的书，所以，我的孩子在很小的时候就非常喜欢去书店，他早早就认识到了读书的乐趣。

而家长要做的是，根据孩子的年龄段和他的喜好帮他选择适合他的书。比如对于喜欢各种花的孩子，可以给她买本植物大全的绘本；对于喜欢绘画的孩子，可以给他买填色绘画的书。

在读书这件事上，最重要就是选择符合孩子兴趣的书，不要因为大人觉得某本书特别好，读了特别有帮助，就不顾孩子的喜好强迫他读。

尤其是年龄小的孩子，不适合纯文字的书。太多的文字反而会赶走他读书的兴趣。

关键4：及时检验读书成果

在孩子自己读完一本书后，我往往会做出很感兴趣的样子问他："这本书讲了什么？主人公为什么那么做？能给爸爸讲讲里面有趣的内容吗？"

检验孩子读书的成果，就是看孩子能不能把里面的内容用自己的话说出来。

一位青少年教育专家说："养成读书习惯等于在孩子心里装了一台成长的发动机。"

让我们一起，为孩子组装一部属于他的成长发动机，让孩子能够持续从发动机中获得营养动力和智慧吧！

Chapter5 真爱如是

29. 我愿意成为你的咨询顾问

真爱不是替孩子包办一切、解决一切、回答一切,而是成为孩子成长路上的"咨询顾问",家长要学会在大多数时间,让孩子自己去探索和试错。

当孩子有疑问时,家长再提供自己的建议。

咨询的意思是"我会给你提出我的意见和建议,告诉你我的人生经验,但是具体怎么做,还是由你决定。"

自己能做的事情自己做(而不是"自己的事情自己做")

我们经常会对孩子说:"自己的事情自己做"。但孩子们对于这句话常常会有不一样的理解。

曾有一位家长万分无奈地找到我,告诉我她经常在厨房里忙碌,有时会让孩子帮忙拿东西,她的孩子却回答:"自己的事情自己做"。对于孩子这样的回答她无可奈何,也不知道该如何做出回应。

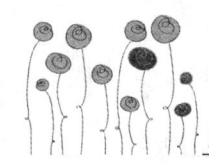

冷静的爱：告诉孩子如何独立成长

我认为家长想要培养孩子的独立能力时应该说："自己可以做到的事情自己做。"母亲在厨房里忙得抽不出身，需要拿东西而自己做不到，就可以让孩子帮自己。而当孩子在看电视，叫妈妈帮忙拿吃的，这时家长回应"自己可以做到的事情自己做"才是合适的。

所以，"自己可以做到的事情自己做"这句话更能够培养孩子的独立性与责任感。

在孩子 12 岁以前，其身上所有的问题都能找到源头。

罗马帝国不是一天建成的，梦想也不是一蹴而就的，蜕变更不是一学就可以的，所以，在教育孩子这件事上，我们要持续不断地前进。

很多家长问我：孩子粗心大意该怎么办？比如做题的时候总是看错题目。其实大人也有粗心的时候，孩子的粗心主要是小时候没有养成细致的习惯。对于粗心的孩子，你责怪他"你怎么这么粗心""以后不要粗心了"是没有用的。

语言是解决不了所有问题的，这就是为什么唠叨的父母往往达不到好的教育效果。但是语言解决不了的事情，智慧可以。

一个孩子粗心，往往是因为他小时候，家长包办了他所有的事情，不需要他细心做事而导致的。

如果你的孩子非常粗心，可以先从一点一滴的小事上去矫正。首先让他在自己的内务小事上养成细心的习惯。

比如孩子有自己的小抽屉、小衣柜，家长可以和孩子一起整理他的衣柜——先把物品都放在床上，然后教孩子如何对物品进行分类，再依次摆放。

光是收拾孩子的玩具，可能就会花去一个小时的时间，这时孩子的专注力就养成了。当孩子把玩具收拾好，大人要给予鼓励，和孩子一起庆祝。

当父母和孩子的想法发生冲突时,试着寻找"折中"的方法。

很多时候,事情的解决办法不只有一个,往往有两全其美的方法,只是我们没有发现。家长为了维护自己的权威,常常会坚持自己的立场。

回想一下,在你童年时,是否渴望父母看到自己的需求,认同自己的需求?

所以,想做最好的父母,就不要太坚持自己的大家长立场,学着处理事情时寻找两全其美的方法。

比如孩子很想玩剪刀,但是大人觉得危险,可以试着换别的玩具给他玩。如果孩子执意要玩剪刀,可以和孩子约定,下一次一起去买适合他玩的儿童剪刀。

要注意,折中并不代表父母要无原则让步,不代表父母要溺爱孩子。

"折中"换句话来说,应该是"更聪明的办法",既不伤害孩子的感情,也不违背大人的原则。

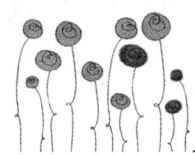

冷静的爱：告诉孩子如何独立成长

30. 孩子，学会交朋友

妈妈的来信：我该如何让孩子交朋友？

我有一个女儿，今年4岁，性格比较外向，我们平时对于教育方面非常注意，女儿也养成了良好的习惯。她喜欢和小朋友一起玩，但是我感觉她周围的孩子都有很多不好的习惯，我担心时间长了，我女儿也会染上这些孩子的坏毛病。我的这种担心是多余的吗？我应该如何去教育她怎样选择朋友呢？

最近有一个5岁的小女孩经常来找我女儿玩，没多长时间我就发现这个小女孩有不少缺点，比如喜欢哭闹，非常任性，我害怕我女儿也会受她影响养成这个坏习惯，所以我不想让女儿和那个小女孩玩。但我又担心强行让女儿和那个小女孩绝交会影响她以后的社交能力。遇到这种情况我该如何去做呢？

在什么情况下，我们会干涉孩子交朋友呢？

之前也有一个家长对我这样倾吐他的烦恼："我的女儿今年已经上小学四年级了。她从小就很喜欢和其他孩子玩，现在在学校里有很多朋友。现在孩子逐渐长大了，我对于孩子交朋友有一点儿担心，担心她在学校里认识了一些不好的朋友。记得我自己上学的时候，我父母就经常教育我不要和不爱学习的孩子一起玩，当时自己对父母的这种观点还嗤之以鼻，但当自己有了孩子，才明白父母的这种担心。我希望自己的孩子能够和爱学习的孩子交朋友，不知道是不是所有的父母都会有这种想法。对于孩子交朋友我应不应该干涉呢？"

爸爸妈妈们的担心：孩子交到"坏朋友"该怎么办？

孩子在上幼儿园之后，对于交朋友的需求越来越强烈，并且对周围的伙伴有了远近之分，拥有了自己的朋友圈。这时的孩子对于"朋友"这个概念并不十分清楚，但他们知道想要交朋友就要做周围人都在做的事情。就如同信中那位妈妈说的那样，孩子对周围同伴的行为喜欢模仿。这样我们就很容易理解为什么父母希望自己孩子的朋友都是没有缺点的，而当其在孩子周围发现有"坏孩子"时就感到十分担心。

但实际上，在当今社会中，无论我们如何费尽心思挑选我们认为合适的环境，合适的伙伴，我们总会发现孩子身边会有一些我们不喜欢的朋友，因为我们不能完全控制孩子的一切——孩子总会去选择他自己喜欢的圈子。所以帮孩子选择朋友，为孩子屏蔽掉周围不好的环境，明显不是一个长久的方法，而一味地对孩子周围不合自己心意的事物进行抱怨也不能解决任何问题。所以，我们在面对这种情况时，应该调整自己的心态，从另一个角度去看待和解决这个问题。

与其将所有的不好和过错都推到孩子所处的环境上，不如试着去让自己的孩子做出改变。

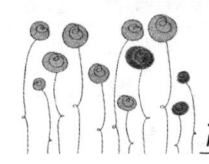
冷静的爱：告诉孩子如何独立成长

父母应该如何面对孩子的"朋友们"？

"宝贝，爸爸妈妈尊重你的交友权利，不过爸爸妈妈更希望你能和值得交往的小伙伴一起玩。"

聪明的家长会尊重孩子交朋友的权利，再旁敲侧击地引导他。

孩子在学会交朋友的过程中，会逐渐形成选择朋友的倾向，比如选择能够和自己玩到一起，性格也相差不多的伙伴作为朋友。

这个时候我们首先要对孩子的选择表现出尊重，然后同孩子一起对他的朋友进行分析。比如在聊天时可以问问孩子：为什么喜欢和××做朋友？××小朋友是不是非常喜欢学习？我也喜欢××小朋友，因为他非常喜欢帮助其他人……

在聊天的过程中，孩子就会从父母的话语中知道哪些行为习惯是自己应该学习的，哪些是自己应该远离的。

即便父母发现孩子在和有坏习惯的孩子玩耍，也不要着急想办法让孩子不要和他交朋友。既然孩子愿意和一个小伙伴成为朋友，那么作为父母不妨先了解孩子的内心想法，也许这个有坏习惯的小伙伴有更多闪光点呢。况且每一个人都有优点和缺点，小朋友同样如此，即使孩子的朋友身上有缺点，父母也可以通过和孩子聊天的方式表达出自己的看法，让孩子意识到某种习惯是不好的，应该远离。

父母应该从不同角度去看待和评价一个人，不要从一个方面完全否定他人，不妨将自己的注意力更多地放在他人的优点上。这是作为一个孩子的家长首先要学会的，只有自己学会了才能正确地引导孩子。

宝贝，我会帮助你形成自己的交友观，但是朋友的选择权在你自己手里。

多鼓励孩子，少限制孩子，帮助孩子形成自己的交友观和行为准则。

当孩子正在学习认识自己、认识这个世界、学习社会规则和社交能力的时候,多鼓励和少限制的做法能够提高孩子的认知能力和判断能力,使之逐渐形成自己的交友观。

孩子在这个时期的语言和思维能力是非常活跃的,对周围的一切事物都充满了好奇。父母可以对孩子进行引导,让孩子去观察和模仿一些正确的社会行为,让孩子通过自己的观察明白哪些行为是应该去学习、会受到赞扬和鼓励的,而哪些行为是不受社会欢迎,有可能会受到批评和指责的。在这种实践过程中,孩子会通过自己的学习逐渐形成正确的道德观和行为准则。

宝贝,我保证对你的朋友平等对待。

平等对待的基础是不势利,对于孩子的同伴我们要学会不以"成绩"取人,学习成绩并不是孩子交友的标准。

同时,不在自己孩子面前评论其他孩子的行为,因为我们对其他孩子并不完全了解,以致这种评论往往都有片面性,我们轻率的评价会对自己的孩子产生误导。

当自己的孩子和同伴之间产生矛盾时,父母应该将"严以律己,宽以待人"作为处事原则,妥善处理,不对孩子偏袒,更不能纵容。一般的矛盾应该让孩子自己去解决,父母尽量不去介入。实际上孩子通常都不会记仇,很多孩子今天吵完架明天就会和好如初,家长对此没有必要过分担心。

宝贝,爸爸妈妈希望你能这样交朋友

爸爸妈妈总希望能够教会孩子如何才能交到真正的好朋友。孩子交到好朋友的原则其实很简单:尊重,有原则,和不同性格的小朋友做朋友,发挥自己的积极影响力,并多亲近有德行的小伙伴。

孩子交到好朋友的秘诀:

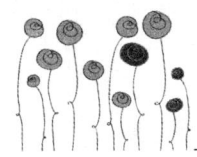

冷静的爱：告诉孩子如何独立成长

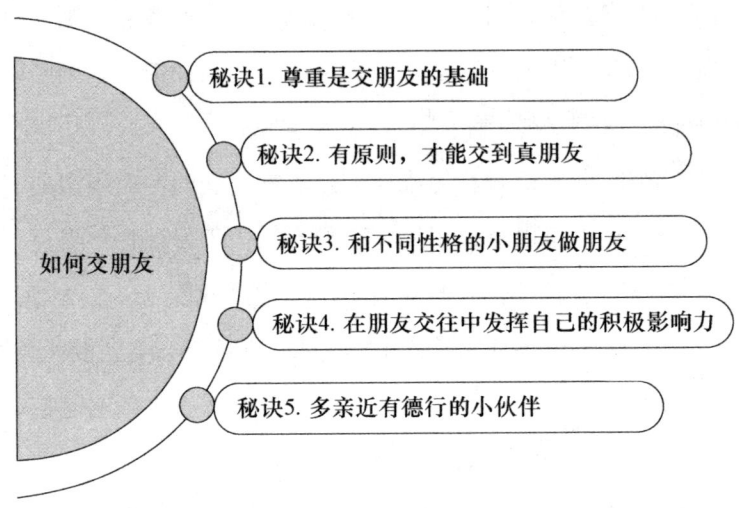

孩子交到好朋友的秘诀

秘诀1：尊重是交朋友的基础

我们要让孩子明白：想要让别人愿意和自己做朋友，就要先让自己成为别人的朋友。所以，学会尊重他人是交朋友的基础。一切以自我为中心，自己喜欢的就要求别人喜欢，自己不喜欢的也不允许别人喜欢，这样的做法自然不可能交到朋友。"敬人者，人恒敬之；爱人者，人恒爱之"，这句话很好地概括了交朋友的道理。能够宽容大度、以诚待人的孩子，就能交到各种性格的朋友。对孩子来说，这是一种享受，同时也是自己的资本，能为自己今后步入社会做好铺垫，奠定好基础。

秘诀2：有原则，才能交到真朋友

家长要告诉孩子，有自己的原则，有自己的行为规范，才能交到真正的、有益的朋友。

原则也是防止孩子跟"坏朋友"学坏的唯一方法。我们要帮助孩子建立起他的规则。

对年龄比较小的孩子来说,和周围伙伴一块玩游戏其实更多的是独立游戏,即虽然大家在一起玩,但都是自己玩自己的,同伴之间的交流以及影响在这个阶段是很少的。随着年龄的增长,孩子开始需要能与自己产生互动的伙伴,能够和自己一起进行游戏和活动的伙伴。处在这个时期的孩子对周围事物已经有了一定的认知能力,虽然不能和成人的认知程度相比,但此时的孩子已经会有意识、有目的地去模仿他人的行为,不再是单纯地为了模仿而模仿。

我们常常担心孩子被小伙伴带坏,其实孩子即使和小伙伴一起做坏事,其对同伴的模仿因素通常也只占一小部分,更多的因素是孩子无法控制自己的好奇心与探索欲。这个时期的孩子正处于建立习惯和规则的时候,他们对于秩序规则还没有具体的概念。孩子做出家长认为"过分"的事情来,很可能是因为的好奇心过重以致忘记了规则而造成的,或者孩子根本就不知道这方面的规则。所以,我们将不好和过错都推到孩子所处的环境上,是错误的。

我们只有平时就对孩子做出规则约束,同时建立起良好的家庭氛围,帮助孩子形成自己的规则,才能够使孩子避免被周围环境带坏。

家长对于自己孩子的朋友要表现出尊重,可以适当地表达出自己对孩子朋友的看法。

秘诀 3:和不同性格的小朋友做朋友

家长应该多鼓励孩子去交朋友,对于孩子的朋友圈不要做太多干涉。

虽然绝大多数家长都认为让孩子多交不同类型的朋友,体验不同的生活环境有助于孩子的成长,但是在现实生活中,相当一部分家长并不愿意孩子多交朋友,还给孩子划定了一个范围,想让孩子按照自己的看法去交朋友。碰到自己认为不好的孩子就会想方设法地阻止自己的孩子和其玩耍。

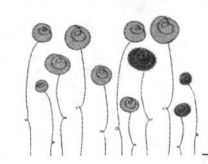

这种做法很容易将成年人世界中的功利心带入孩子的世界。对于家长的这些做法，有些孩子会迷茫，不知道自己应该如何按照父母的标准去选择朋友，不知道如何同周围人相处。部分孩子还会产生逆反心理，反而更愿意和那些父母认为不好的小伙伴做朋友。总而言之，父母的初衷是好的，但是这种做法确实是错误的，会影响到孩子的社交能力，不利于孩子今后的发展。

目前有研究证明，和拥有不同成长经历、不同生活环境的伙伴做朋友，能够让孩子更具有包容性，更能够理解他人、体谅他人，并且组织领导能力也会更强。所以，对于孩子的交友，父母应该多鼓励，少限制。

秘诀4：在朋友交往中发挥自己的积极影响力

当孩子周围的朋友中出现一些不良行为时，家长可以鼓励孩子用自己的正能量去影响那些有不良行为的孩子，这样不仅能帮助其同伴改正自己的行为，也能让孩子学会如何对抗不良行为的影响，并且在这个过程中，孩子的自信心也会提高，在周围同伴中的影响力也能得到增加。

秘诀5：多亲近有德行的小伙伴

《弟子规》中说："能亲仁，无限好；德日进，过日少。不亲仁，无限害；小人进，百事坏。"意思是：如果能够亲近有仁德的朋友，向他学习，是无限好的事情；仁德的朋友会使我们的德行与日俱增，过错逐日减少。如果不亲近有仁德的朋友，就会带来无限坏处；小人会趁虚而入并影响我们，使我们变坏。

当然，父母也要为孩子的社交做出表率。要想让自己的孩子正确地交朋友，拥有良好的社交能力和心理，父母自身就应该为孩子做出表率。在同周围人相处时，要相互帮助，相互尊重，学会宽容，理解他人，让孩子在不知不觉中学会社会交往。如果父母自己的社会交往就一塌糊涂，那么孩子处于这样的一个生活环境中，又怎么能拥有良好的社交能力和心理呢？

Chapter 6

爱的代价

有位妈妈对我说:"我骂也骂了,打也打了,管得比谁都严,为什么我的孩子还是不乖?为什么还在外面打架?为什么孩子的成绩还是上不去?为什么写作业还是那么拖拉?为什么还是那么不懂事?为什么?"

原来她以为:打、骂就是教育,就是爱。

爱不仅仅是打骂,它是需要付出代价的。

真正的爱和教育,是从尊重开始,由智慧护航,以接纳为根基,同时,在不同的阶段,家长应给予孩子不同的爱。

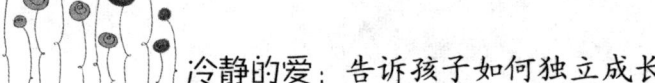

31. 怎么做是尊重孩子的表现

真正的爱,源于尊重。父母对孩子的付出,也应该从尊重开始。

父母给予孩子尊重的重要程度,不亚于给予孩子物质和关心的重要性。

怎么做,才是尊重孩子的表现?

如果我问:"孩子是谁的?"

相信很多家长都会回答:"是我们的啊。"

我要说:孩子不是你们的。孩子是属于国家的。孩子既属于国家,也属于他们自己。父母生养孩子,但是不代表孩子是父母的私有财产。

孩子是国家的宝贵财产,父母并不是孩子的主人,父母只是孩子成长过程中的临时监护人。

只有明白了这一点,父母才能摆正自己的位置。

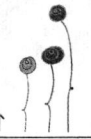

尊重孩子，就不要把孩子看作是自己的私有财产。

世界家庭教育之母夏洛克有一个理念风靡全球，现在到了我们接触它的时候了：对待孩子，第一不可冒犯他们，第二不可轻视他们。

什么是冒犯？当我们对孩子做了不该做的事情的时候，我们就冒犯了孩子。比如说，当我们在不应该发怒的时候，说出那些伤害孩子的话，伤害了他们敏感的神经，我们就在冒犯孩子。

什么是轻视？当我们没有为了孩子的成长做那些该做的事情，就意味着我们已经轻视了他们。作为父母，应该和孩子一起成长，学习和他们相处的模式，学习和孩子交流的语言。如果我们没有这么做，就是轻视了孩子。

第一，不去冒犯孩子

很多小孩会在成长的过程中出现说谎的行为，这个行为是正常的，它需要大人善意的引导。

当你的孩子说谎的时候，你是怎么做的呢？

当你的孩子出现一些不问自取的行为时，你又是怎么做的？

爸爸妈妈是否在那儿笑？是否嘲讽了孩子？是否互相使眼色？

在你笑出来的那一刻，在你们互相使眼色的时候，你已经冒犯了自己的孩子，轻视了他们的情感。

不要利用他们的安全感和恐惧心

父母常常会以为：小孩子什么都不懂，长大以后也不会记得小时候的事，所以不必顾忌他们的感受，可以随意地嘲笑和戏弄他们。父母在期望孩子改正错误的时候，常常会说："你这样做，我就不喜欢你了。"

甚至有更过分的父母会说："你再这样我就不要你了。"

有些家长常把感情当成筹码，利用孩子的恐惧心，来达成自己的目的。

但是在这个过程中，孩子受到的伤害很难弥补。孩子是非常敏感的，

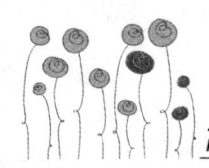

冷静的爱：告诉孩子如何独立成长

他懂的事情，远比你想象得多。

不要嘲笑孩子的行为

我见过很多小孩子，对于自己的一些行为，比如他想吃东西，不好意思告诉父母，就自己偷偷去拿来吃。

这是一个很小的行为，但是父母发现的时候，就会忍不住发笑，甚至对孩子指指点点。

这对孩子来说，就是一种心灵的冒犯：孩子所有的行为和尝试，都代表他在探索。你的嘲笑，其实已经伤害了他的自尊心。

因为他不知道怎样才是对的。

第二，不要轻视孩子

不要因为孩子的小过错太可爱了，就轻视

对于孩子犯的每一个错误，父母都要加以引导。不要因为觉得孩子犯的小错误太可爱了，就轻视。

很多父母看到孩子犯一些无伤大雅的小错误，觉得没什么，就不了了之了，这时孩子就会觉得，自己的淘气不会受到惩罚，那么下回他就会错得更多。

对于教育孩子，不因恶小而让其为，不因善小而不让其为。这些都是教育的根本准则。

有时候父母会放弃这个准则。比如说，一个妈妈带着孩子在小区里玩，健身器材上已经有人在玩了，这个人看到有小孩子来了，就让给其他玩。

对于这个谦让行为，妈妈就对孩子说："快对人家说'谢谢'。"

但小孩子直接上去玩，既不说"谢谢"，也不看谦让的人。

妈妈觉得这没什么，就不再去想这件事。

这是一件非常小的事，说不说"谢谢"可能那个人并不在乎，但是对

Chapter 6 爱的代价

孩子来说,这很重要——父母没有把感恩的种子播在孩子的心里,孩子就认为别人为自己的付出是理所当然的。

这就是对孩子成长的轻视。

不要强制性地改正孩子的行为,却不告诉他为什么

为了促进孩子的成长和进步,父母常常会按照自己的意志,强制性地让孩子改正错误的行为,但常常只强制孩子改正其行为,却不告诉孩子为什么。

这也是对孩子教育的轻视,对他们心灵的轻视。

当孩子做错事情,比如弄坏了某个哥哥姐姐的玩具,或者吃蛋糕的时候因狼吞虎咽等一些不恰当的行为影响了别人时,父母往往会强制性地要求他改正,对他说:不可以,不行,不允许,不能!

如果孩子不听,有的父母可能会打孩子,或者对孩子进行冷处理。

在这个过程中,孩子知道了什么是被强迫。

这时候,你做的就是冒犯和轻视他的事情。

在孩子3岁以前,父母强制性地纠正孩子,孩子可能会表现得很顺从。

但是父母会发现,随着孩子越长越大,他会越来越反叛,他说"不"的次数会越来越多。父母的压制也会越来越严重。

最后会导致两个结果:

第一个结果:孩子彻底被你征服,但是失去了自我。

孩子没有了自己的个人意志,也没有了自己独立的精神世界,你说什么,孩子就做什么。

那些长大后唯唯诺诺、事事都要父母操心和代劳的孩子,就是这一结果的牺牲品。

第二个结果:哪里有压迫哪里就有反抗,孩子变得越来越叛逆。

那些在青春期最叛逆的孩子,甚至长大以后还事事和父母对抗着来的

169

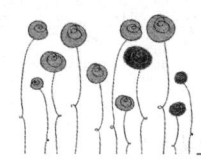

人,就属于这一种。

这就是轻视孩子的后果,我相信这两种后果都是父母不想看到的。

不轻视孩子,首先要把孩子当成一个独立的人去与之沟通,要像和大人讲道理那样和孩子讲道理。

让他知道为什么不可以,为什么要那么做。

不要轻视孩子的教育来源

很多人因为忙,把孩子托付给一个没有多少文化的保姆全权负责。这可不是好兆头,即使是保姆,也要尽量选择那种知书达理的保姆。

父母常常会忽视孩子的教育来源,一个不懂事、没文化的保姆,常常会用一些错误的方式去教孩子。

当孩子做错事情时,保姆为了避免麻烦,不是教育孩子,却也不是告诉孩子父母,而是对孩子说:"如果你今天晚上不哭闹,乖乖的,我就不把这件事情告诉你的爸爸妈妈。"

保姆为了避免麻烦,和孩子联合起来说谎。而孩子会模仿保姆的行为,他会认识到,如果自己做错事情,除了坦诚,还有欺骗这一应对方法。你所不知道的是,这一点点的语言和行为,就能影响孩子对未来世界的判断和价值观的形成,就会在孩子心中种下欺骗这个恶习的种子。

所以,不要轻视孩子的教育来源,当你发现孩子跟别人学了不好的习惯时,一定要让孩子尽快远离这个源头。

32. 如果我这样做，说什么孩子都会听

妈妈的来信：孩子说话总是拐弯抹角怎么办？

我的宝贝4岁，是一个男孩子。从他学会说话开始，我就发现他总是拐弯抹角地表达。小的时候，他看到桌子上有饼干，想吃，但又不说，也不要求我给拿他，反而问："妈妈，桌子上的东西是什么啊？"

我说："饼干啊。"

过一会儿，他又问："妈妈，桌子上的饼干好吃吗？"

我说："宝贝，你是想吃饼干吗？"

他不做声。一般在这种情况下，我就不再搭理他了，除非他直接把需求说出来。尽管他得不到满足，但也不会哭闹，只是默不作声。

今天我带他出去玩，回来的路上我们在小卖部买东西，他盯着冰箱里

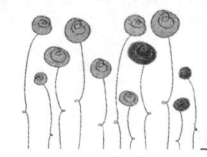

冷静的爱：告诉孩子如何独立成长

的饮料说："妈妈，我渴死了。"

我说："你要喝什么，直接说好吗？说了妈妈就给你买。你不直接说的话，我们就回家喝水。"

他不回答我，只是不断地重复"渴死了，渴死了"，就是不说要喝饮料。

每次遇到这种情况，我的应对措施是：你不直接说出来，我就不搭理你。我对他说过很多次："只要你直接说，妈妈就给你买或给你取。"

但是收效甚微，他下次照样拐弯抹角地说话。

为了纠正他这一习惯，我试过很多方法，包括教育他"你这样做是不行的"，"不能拐弯抹角地对爸爸妈妈说话"，"为什么你要拐弯抹角？"

但是通通没有效果。

我的孩子为什么会这样？是害怕被我拒绝吗？

但是我对他并不苛刻啊，通常他要的我都给他买了，出门也常常给他买玩具和吃的。我和孩子爸爸都是很直接的人，不明白孩子为什么说话总是拐弯抹角。

为什么孩子说话总是拐弯抹角？为什么不管你怎么说，孩子都不听？

也许，是你说话的方式出了问题。

在我的成长过程中，也曾经有过说话"拐弯抹角"的年龄。这种情感，其实只是我"不好意思直接表达自己的欲望"罢了。

我觉得一个好孩子，是不该给父母添麻烦的，是不该有不合理的愿望的。我衡量合不合理，通常是以父母脸色为标准的。

当孩子拐弯抹角地提出要求时，如果父母对孩子拐弯抹角的方式表示了拒绝，孩子就更不敢直接提要求了。所以孩子继续拐弯抹角地说话，期望在不直接表达自己欲望的同时，父母能够主动满足自己。

172

但结果是,孩子越这样,父母就越拒绝孩子。

这对孩子来说,是一个无解的循环。

在电视节目《爸爸去哪儿》中,陆毅的孩子贝儿是一个非常可爱、懂事的小孩,可是不知道大家有没有注意,贝儿也是一个说话拐弯抹角的小孩。

节目中有一个情节是,贝儿到集市上去买面条,但是兜里的钱不够了。于是她站在面条摊面前,一边摸面条,一边说:"哎呀哎呀,我没钱了……"

她就是不肯直接说:"我想买面条。"

这种说话拐弯抹角的小孩,往往是因为"太懂事"。只有早慧的孩子才会说话拐弯抹角,但是父母常常认为这是孩子"性格有问题"。

如果我这样做,说什么孩子都会听

了解了孩子行为背后的原因之后,作为父母,你又该如何做呢?

如果家长能采取以下方式,那么无论你说什么,孩子都会听。

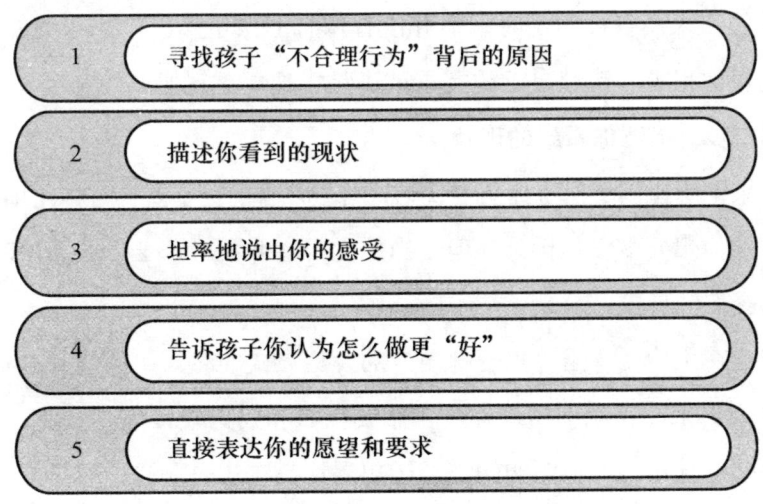

1. 寻找孩子"不合理行为"背后的原因
2. 描述你看到的现状
3. 坦率地说出你的感受
4. 告诉孩子你认为怎么做更"好"
5. 直接表达你的愿望和要求

如果家长这样做,说什么孩子都会听

第一步:寻找孩子"不合理行为"背后的原因

父母应该养成一个习惯,就是当孩子有不合理的行为时,要先去探寻

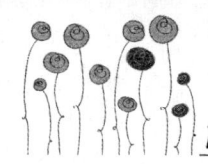

冷静的爱：告诉孩子如何独立成长

其背后的内在原因。

如果不去思考其不合理行为背后的原因，一味将这归结为孩子的性格问题，是不妥当的。

孩子的心灵是慢慢成长的，在孩子没有自己的独立见解和判断之前，很多成人看起来理所当然的事情，对孩子来说，却是崭新的，是需要他们去学习和领悟的。

所以，不要从成人的角度去揣度孩子的逻辑。

在孩子三四岁甚至更小的时候，敏感的小孩已经学会了察言观色，但是孩子的判断能力还没有养成。他只能隐隐约约地感觉到"妈妈生气了"，"妈妈不喜欢我说的"（至于是不喜欢我买东西，还是不喜欢我说话拐弯抹角，孩子是领会不到的，所以，孩子只能采取迂回的方式）。

来信的那位妈妈说："他得不到满足，也不哭闹，只是默不作声。"当孩子的需求没有被满足时，他并没有像有的孩子那样，一味哭闹耍赖。这说明对他来说，比起自己的需求被满足，他更重视妈妈的态度。

第二步：描述你看到的现状

如果不想让孩子拐弯抹角地说话，首先，自己也不要拐弯抹角地说话。

虽然他想要零食和玩具，但是当他觉得你并不"乐于"这么做时，他就会选择控制自己。

当你在不接受孩子"拐弯抹角"的说话方式的时候，你的应对是"你不直接说出来，我就不搭理你。""想要什么和妈妈直接说。"这不也是另外一种拐弯抹角吗？你明明知道孩子想喝饮料，却采取这种应对方式，孩子的内心也许会被失落和难过所充斥。

孩子的沟通习惯不是一次、两次形成的，或者说，他曾经直接向你提出要求，但是被你打击和反对过，以致他不敢再直接了。

所以，父母首先要坦率地面对孩子。说出你观察到的情形，可以使孩子了解到"你已经明白他想要什么了"。比如，你可以温柔地对孩子说："宝贝，你这么说，是想喝饮料，是吗？"

第三步：坦率地说出你的感受

如果你不说，孩子并不知道你的感受。互相交流感受，是合作的开始。家长也需要告诉孩子自己的感受。很多家长常常犯的错误是，认为"自己已经表达得很清楚了"，但是对孩子来说，这仍然是"拐弯抹角"。

在这一步，你可以直接地告诉孩子你的感受："宝贝，如果你不直接告诉妈妈你想喝饮料，每次都让妈妈这么猜，妈妈真的会很累哦。有时候妈妈真的猜不到啊。"

第四步：告诉孩子你认为怎么做更"好"

在这一步，父母要对孩子说明自己的理念："宝贝，妈妈认为，如果你想要什么，就直接告诉爸爸妈妈，那爸爸妈妈会非常非常开心的！因为爸爸妈妈和宝贝之间，是不应该猜来猜去的！"

第五步：直接表达你的愿望和要求

直接表达愿望和要求，能够使一切最后落实到事情、习惯本身，孩子也能更好地理解父母的需求。比如这样说："宝贝，妈妈希望你下次想吃饼干的时候，直接告诉妈妈，好吗？"

一开始这样做时可能有点困难，孩子已经养成的习惯是不容易纠正的，但是父母应该有耐心，慢慢地反复进行。甚至可以先满足孩子的请求，然后告诉孩子"下次直接说也可以哦"。几次下来，孩子就会对你产生信任感和安全感，从而主动地提出请求。

冷静的爱：告诉孩子如何独立成长

妈妈的回信：以前我没有对孩子说出过我的感受

原来孩子所有行为的背后，都有其深层次的原因。我反思了自己，确实在孩子小时候，在吃东西方面我曾严厉地限制过他。

他小时候肺不好，很容易咳嗽，而且一乱吃东西就会发烧，所以我就限制他的饮食，往往别的小朋友能吃的，我不允许他吃。他跟我提要求，我就说："不行，这个不能吃。"

可能我拒绝得多了，他就养成了不直接提出请求的习惯。

今天他爸爸答应他，写完作业可以喝酸奶。他写完了作业，对他爸爸说："爸爸，我作业写完了。"

他爸爸忘了酸奶那回事了，应了一声便不理他了。

过了一会儿，他又说："爸爸，我写完作业了。"

我这才意识到他想喝酸奶，就问他："宝贝，你是想喝酸奶吗？"

他不吭声。我接着问："你这么说，是想喝酸奶吗？"

他还是不吭声，并且看起来有点生气了。

我想了想，就把酸奶拿给了他。他喝完酸奶，情绪还不错，我就一边和他玩玩具，一边问："宝贝，我可以问你问题吗？"

他说："好啊。"

我说："刚才你和爸爸妈妈说写完作业了，是想喝酸奶吗？"

他说："是啊。"

我说："可是你不直接说，让爸爸妈妈猜，猜来猜去真的好累啊。每次你都不直接告诉妈妈，让妈妈有点伤心呢。"

他说："但是……我忘记怎么说了。"

他表现出很内疚的样子，开始不停地揉衣角。

Chapter6　爱的代价

我说:"没关系哦。忘记没关系。但是妈妈觉得,如果宝贝想吃什么,想要什么,能直接告诉爸爸妈妈,爸爸妈妈会非常非常开心的!"

他说:"知道了。"

我抱着他说:"那宝贝答应妈妈,下次想要什么的时候,直接跟爸爸妈妈说出来,好吗?"

他说:"好的!"

以前我从来没有对孩子直接说出过我的感受,只是不停地限制他的行为,告诉他我想要他怎么做,一直收效甚微。但是通过今天我和他的对话,他显示出了内疚和抱歉的意思。

我想,多试几次,他的说话方式一定会慢慢转变的。

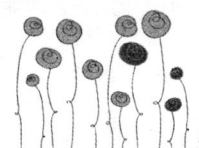 

33. 很多时候，我先否定的是自己

你如何看待自己和孩子的关系？又如何看待孩子的问题？

当孩子出现问题时，其实父母才是问题的根源。父母的错误像是植物的根茎，孩子的问题则是根茎上开的花。

但现实中，很多父母往往只看到了孩子身上的"问题"，却不知道其实孩子的问题是由父母造成的。

孩子的问题，其实本质上是父母的问题

当你从孩子身上看到错误、问题时，其实是你们的错误，投射到了孩子身上。

没有生下来就坏、就不懂事、就有问题的孩子，孩子的问题都是父母的不当教育造成的。

如果孩子有问题，首先是父母的问题。

是我们的眼睛,把美玉看成了充满瑕疵的石头。所以在评判孩子之前,我们要先看看自己的眼睛有没有问题。

父母的问题越大,对孩子的要求就越多

如果你是一个充满问题的家长,那么你一定拥有一个充满问题的小孩。

这些问题的本质,是父母的恐惧心——担心孩子成长得不够好,担心孩子输在起跑线上,担心孩子不如别的孩子。

这些恐惧加剧了父母对孩子的掌控欲。父母越是恐惧,就越要控制教育,不断地在孩子身上发现问题,不断地教育孩子。

父母的问题越大,恐惧心越强,对孩子的要求就越多。因为父母的要求太多了,当孩子达不到父母复杂、多样的要求时,孩子在父母眼中的问题也就越来越多。

当你说:"我的孩子问题很多,很难教育"时,请你冷静地思考一下:真的是如此吗?假设不是你的恐惧心在作祟,没有你对孩子苛刻的要求,孩子真的是一个很难教育、有很多问题的小孩吗?

反思是父母成长的开始。

最好的父母常常是"无所畏惧"的

孩子本身是自由自在、无忧无虑的,家长的恐惧心却牢牢地把孩子束缚住了。爸爸妈妈们都希望自己的孩子长大之后能够成龙成凤,有足够的能力自立。

那么,如何培养出这样的孩子?

答案是让他们自由成长。自立是一件不需要教,孩子自己就能学会的能力。过去是家长的百般阻碍,妨碍了他们的成长。如果一个孩子能够按照他本身的天性去成长,那么这个孩子长大后,他的天赋也将发挥到极致。

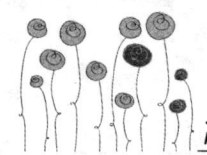
冷静的爱：告诉孩子如何独立成长

  当你是一个无所畏惧的父母时，你才能培养出这样的孩子。你不要担心孩子长歪了怎么办，不要用一点儿小事就揣测他的未来，不要将孩子的一点儿小错误无限放大成他以后的失败。

  做个无所畏惧的父母，这样孩子长大后，他的天空才能变得更广阔。

Chapter6 爱的代价

34. "接纳"是我必须练就的"勇敢的智慧"

爸爸的来信：为什么我的儿子脾气这么坏？

我的儿子今年3岁，他是早产儿，小时候身体比较弱，动不动就要去医院，所以我们对他比较溺爱，对他的要求也都以满足为主。

但是从他上幼儿园开始，我发现他跟同龄的孩子比起来脾气要大得大，控制情绪的能力也非常差。如果他的要求得不到满足，他就会一直哭闹。

昨天晚上，他非要第二天带他的变形金刚去学校，这个变形金刚很大，不好带到幼儿园去。我就试图说服他，但是一点儿效果也没有，他坐在地上不停地哭。

孩子妈妈比较怕孩子闹，就答应让他带变形金刚去上学。对此，我非

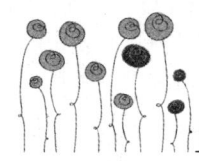

冷静的爱：告诉孩子如何独立成长

常头疼。

为什么孩子控制情绪的能力这么差？为什么这么小的孩子脾气这么坏？

我觉得自己的教育很失败。

很多家长都会为了孩子的脾气而感到头疼。当孩子大发脾气，家长又无可奈何时，甚至会想：为什么要养孩子？为什么我的孩子脾气这么坏？为什么别人的孩子不这样？

要回答这个问题，首先要搞清楚一件事：孩子为什么会发脾气？

孩子和大人发脾气的原因可不一样，大人发脾气可能是因为自尊受到了伤害，也可能是别人的行为冒犯了自己。

但是对孩子来说，发脾气的原因永远只有一个：那就是他的愿望没有实现达成。

比如说，孩子想做什么，却发现自己做不到的时候，或者他要做的事情被大人阻止时，他就会产生失败感。这种失败的感觉他不知道如何去处理，就会用发脾气的方式发泄出来。

春节的时候，亲友聚会，我的几个朋友的孩子聚在一起玩，其中几个小孩子在玩冲锋枪，比较吵，另外一个4岁的小孩在一边玩积木。这个玩积木的小孩可能觉得其他孩子吵到他了，就试图阻止其他小孩玩冲锋枪，但是他们怎么会听他的？

于是这个小孩就开始大哭，引来了大人。大人问他为什么哭呀，他就抽抽噎噎地说："太吵了他们！玩那个太吵了！"

在场的大人都笑了，真是孩子呀。这么点事情也会哭。他的妈妈就说："至于吗你？能有多吵！这就哭了，你怎么那么多事儿啊？"

这个孩子听到妈妈责怪哭得就更厉害了。

在我看来，这却不是"有多吵"、"吵的程度值不值得哭"的事情，而是一个孩子，一个小小的人，在面对他人生中早期的"失败体验"。

他觉得吵，想阻止，但是阻止没有成功，他失败了。

大人往往能够处理这种失败，能够处理这种失败的情绪，能够认识到"失败是很正常的事情"，但是对孩子来说，他并不懂得失败是很正常的事情，也不知道该如何面对他人生中的失败体验。

所以，他就用哭闹、发脾气的方式来释放压力。

"接纳"是父母必须练就的智慧

接纳孩子的情绪和行为，是父母必须练就的智慧。

孩子的坏情绪和坏脾气，是孩子面对这个世界时最真实的态度，也是孩子成长过程中的必经之路，孩子总是先学会发脾气，而后才能学会面对脾气，控制脾气。

所以，爸爸妈妈们，首先要学会接受"孩子发脾气是非常正常的"这一理念，要尊重孩子的脾气。

有时孩子自己都不了解自己的情绪，不知道生气、伤心、挫败、失望，他能做的只有发脾气这一件事。随着他的成长和家长的引导，他才会慢慢学会识别自己的情绪，进而进一步控制自己的情绪。

第1步接纳：学会接纳孩子的行为和情绪

孩子也会有他的开心、生气、委屈、悲伤和快乐，但是孩子在很小的时候并不知道这就是生气，这就是悲伤，这就是委屈。

大人可以教育孩子如何识别自己的情绪。如果一个孩子在发脾气，大人首先要理解：孩子生气是很正常的，如果你做事被人打断，你觉得难受，也会生气。

不要用完美的标准去要求孩子，世界上也没有完美的孩子，只有被大

冷静的爱：告诉孩子如何独立成长

人的欲望压抑的孩子。

所以，当孩子发脾气，开始尖叫、大哭、扔东西、撒泼打滚的时候，大人首先要温和地接受"孩子也会有情绪"这一事实，而不是大声地制止：不许哭！不许叫！

你肯定会有这样的经验：如果孩子正在哭，你对他说：不许哭！往往只能起到反效果。因为哭泣本身是一种良性的发泄情绪的方式，是一种情感的正常反应。当大人要求孩子不许哭的时候，其实是在限制孩子的正常情绪反应。

家长的正确做法是接纳——接纳孩子也会生气和伤心，接纳孩子也需要通过哭来发泄情绪。

当我的孩子哭的时候，我从来不会大声地吼他："不许哭！"

我会把孩子抱在怀里，温柔地说："很伤心是吧？很想哭是吧？想哭就哭一会儿。哭一会儿就不难受了。"

这样孩子首先会感受到被大人接纳、接受的安全感。

往往当家长这么做的时候，孩子的哭声很快就会停止，因为安全感本身会带来好情绪。就像我强调过无数次的：有了好情绪才有好行为。要想情绪好，首先要接纳他。

第2步分析：帮助孩子分析自己的情绪并表示理解

告诉他为什么他会有这样的情绪，为什么会感到生气、伤心、委屈、快乐。

家长可以告诉孩子：你知道你为什么生气吗？生气是因为你做不到，你感到很失败。爸爸理解你很生气。

来信的爸爸可以这么跟孩子分析：因为爸爸不让带玩具你生气了是吧？你很想把那个玩具带到幼儿园，但是爸爸不允许，你感觉很失败、感到委屈，所以发脾气了。爸爸理解你很生气，理解你真的很想把玩具带到学校去，但是这样真的不行哦，幼儿园老师不允许，而且幼儿园里也有足够的玩具给你玩。其他小朋友都不带玩具去幼儿园。所以你生气，爸爸也不能让你带玩具，但是爸爸可以陪你生气一小会儿。

第3步合作：和孩子一起解决情绪和问题

如果孩子一直发脾气，那么家长可以和孩子一起解决问题。

比如孩子因为一点儿小事而一直发脾气，家长可以试着告诉孩子："如果你一直这么发脾气，爸爸妈妈就不知道为什么。爸爸妈妈很想帮助你，但是不知道你到底哪里不舒服，哪里不开心，这样，你告诉爸爸妈妈，你为什么发脾气，我们一起来解决问题好不好？"

家长帮助孩子学会控制自己的情绪的秘诀具体如下：

从绘本和故事中教会孩子识别情感和情绪

家长通常都比较重视理性教育，而忽视了情感教育。研究表明，在幼儿时期受过完善的情感教育的孩子，长大后的心理弹性更大、思考问题会更积极，同时他们和其他人的相处也会更和谐。

家长对孩子的情感教育，可以从绘本和故事入手。

当家长给孩子讲解绘本的时候，可以把重点放在绘本人物或动物的表情和心情上，使孩子能够通过绘本人物或动物的动作和表情去体察它们的感情。家长可以和孩子一起品味绘本中每个角色的心路历程，感受他们思想和情绪变化的过程。

比如说："看，小鸭子垂着头，脸也是耷拉着的，小鸭子非常地沮丧……看，小鸭子的眼睛多么忧伤啊！"

孩子只有先学会识别情感，才能进一步学会处理情感。

家长自己要学会保持冷静

当家长发现自己没有办法阻止孩子发脾气时，往往自己也会发起脾气

来（成人和孩子其实是多么像啊）。

但发脾气是于事无补的，因为孩子发脾气是本能反应，他们并不是有意要发脾气给谁看。而家长发脾气，会让孩子觉得非常困惑。

当你一边发脾气，一边和孩子解释什么不能做时，孩子是理解不了你的话的。因为孩子首先会注意到你的情绪，而不是你表达的言语。

所以家长在面对孩子时，要温和冷静地处理问题。

让孩子拥有自己情绪的自主权

让孩子处理自己的情绪并不意味着家长可以对孩子发脾气这事置之不理，任何情况下，我都不建议家长让孩子"自己哭，不管他"、"自己生气，不管他"。

让孩子自行处理的意思是，既不视而不见，也不强行制止，给予孩子自己处理的权利，让他们自由决定什么时候"不哭"、什么时候"不生气"，但同时家长也要时刻保持对孩子的关注。

要告诉孩子："你可以哭，伤心就哭一会儿，等不想哭了，我们再说。"或者对孩子说："你要生气就生气一小会儿吧。等不生气了我们再来处理问题，好吗？"

当孩子自己掌握决定权时，他首先感受到的是不被限制的自由，以及被大人关注的温暖。在这种情况下，孩子往往能够很快学会如何处理自己的情绪。

在处理情绪这件事上，不要小看任何一个孩子的潜力。

明白作为父母言语的力量

父母在孩子面前说话时，要注意自己的措辞，尤其不要随意就给孩子下结论。要就事论事地表达你自己的意见和想法，而不是直接就给孩子下结论。

Chapter6 爱的代价

学会对孩子说"不"

学会对孩子说"不"是不纵容孩子的一个重要的法则。但这并不表示家长可以随意地对孩子说"不"。当你拒绝孩子之后,还要为孩子分析拒绝他的原因;转移孩子的注意力;给出其他代替的选择;使用幽默的方式化解问题;使用延迟满足的方法;寻找孩子提出违规要求的真实原因。

爸爸的回信

这天早晨一起床,孩子就开始哭闹。先是让他起床他不起,而后还是要带变形金刚去上学。孩子妈妈不管他,他就躺在地上装哭,一边哭一边说:"我生气了!我生气了!"

于是我对他说:"宝宝,你要哭就哭一会儿吧。等你不想哭了,再起来找爸爸妈妈给你穿衣服。"

他看到我们不哄他,也不骂他,感到很新奇(通常他哭个不停的时候我们不是哄他就是骂他)。

他躺在地上又假装哭了一会儿,看我们还是不理他,哭声慢慢就弱了。大概过了10分钟吧,他自己爬起来说:"宝宝不哭,宝宝不生气了。"

我马上给予积极的鼓励:"哎呀,你真厉害。宝宝真了不起。自己哭一会儿就好了,真是个坚强的好孩子。"

他显露出很高兴的样子。我接着说:"那好,你过来,爸爸和你说两件事。"

他走过来,我一边替他整理衣服一边说:"你知道为什么不让你带变形金刚去幼儿园吗?"

他说:"不知道。"

187

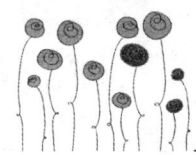

冷静的爱：告诉孩子如何独立成长

我说:"首先,幼儿园不允许小朋友带那么大的玩具去学校。最重要的是,你带过去会影响其他小朋友。如果每个小朋友都不遵守纪律,每个小朋友都带自己的玩具,那幼儿园得多乱啊。你愿意吗?"

他说:"不愿意。"

我说:"既然不愿意,我们就不带变形金刚去幼儿园。我把它放在家里,等你回家再和它玩好吗?"

他说:"好,那你帮我看好它,别让它跑了。它会跑的。"

原来孩子是怕变形金刚跑了啊,怪不得一直要求带它去幼儿园。这件事对他来说确实很严重啊。

于是我向他郑重地保证:"爸爸一定帮你看好变形金刚。"

他很开心地上学去了。我没想到,他居然这么快就能自己调节过来,看来孩子的潜力确实非常大啊。

Chapter6 爱的代价

35. 孩子的所有感受都应该被接纳，只有行为是需要被限制的

妈妈的来信：为什么我的孩子不喜欢去姥姥家？

我女儿今年5岁，因为我工作忙，以前周一到周五一直是她姥姥带，到了周末我才接回来自己带。

从今年开始，我把她接回家，周一到周五我带，周六日请她姥姥带。

女儿很乖，但是每次去她姥姥家，她都表现得非常不乐意。甚至这几次，每次去姥姥家之前，她都会哭闹很久。

我又急又气，试着和她讲道理她也不听。后来她冲我大喊："我就不想去姥姥家！我讨厌姥姥！"

我惊呆了，说："你怎么能这样说姥姥？太过分了！你这孩子没良心

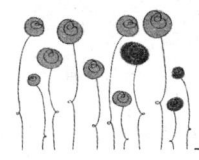

冷静的爱：告诉孩子如何独立成长

吗？以前都是姥姥带你的，姥姥对你多好，你怎么能这样说？以后你再也不许这么说！"

她哭了，然后我让她好好想想。

我非常头疼，为什么这个孩子会这样？姥姥对她那么好，为什么她就不爱在姥姥家待着？为什么说讨厌姥姥？

很多人在有自己的孩子之前，都认为自己一定会成为最好的父母，充满耐心，接纳孩子，给予孩子保护和指导，同时容忍他们的一切行为。

但是，当孩子真正降临到自己的生活中，琐碎的小事很容易磨尽父母的耐心，父母需要不断自我鼓励，才能面对"兵荒马乱"的育儿生活。

"我讨厌跟他玩！他脏死了！"——"你怎么能这么说呢？"

"我就不吃这个！"——"你这孩子怎么不听话？"

"我不想回房间！我不想写作业！写作业会累死我！"——"你才不会因为这个累死！"

"这件衣服太丑了，我不想穿！"——"不许你这么说！"

"这个节目好蠢啊，哈哈！"——"不许你这么说！"

"我伤心得要死了！"——"你并没有那么伤心！"

这样的对话往往充斥在亲子生活的每一天。对父母来说，孩子说出来的话常常让他们备感惊奇：这小小的人儿是什么时候有了自己的思想，有了自己的反抗心？那些"好蠢"、"好脏"、"我讨厌"的话语和情感到底从何而来？

父母们常见的心理误区是：怎样"扭转"孩子的负面情感？

但我要告诉你：试图扭转孩子负面情感的这种想法，是完全错误的！

情感就是情感，对孩子来说，都是非常单纯、直接的感受，没有正面、负面之分。

"负面情感",是父母强加给孩子的概念。

好感受 = 好行为

家长不应用成年人的想法去看待孩子的感受。需要纠正的是孩子的行为,而不是真感受。孩子和成年人不同,成年人的行为是由理智决定的。而孩子的行为,往往和其感受有直接关系。

如果孩子的感受好,那么他们就会表现出良好的行为。

让孩子的感受变好的最好方法,就是父母接受他们的感受。

父母常常会在不知不觉间否定孩子的感受,以轻蔑和否定的态度对待孩子:

"你没必要那么伤心。"

"你怎么能这么说呢?"

"你才不会因为这个累死!"

"你可真是没良心!"

回想一下,你在幼年时期,是否也遭受过父母的否定和轻视呢?当父母不相信你的情感时,你又是什么感觉呢?

——失落、困惑、难过,还有不被人接受的愤怒:为什么就是不相信我?

有的孩子还会因此怀疑自己:难道我的感受是错的?我这么感觉是错误的吗?

回想你和孩子的相处,是否有过这样的情景:当孩子说热,你还坚持给他加衣服的时候(你并不听孩子在说什么);当孩子说讨厌谁,你大声呵斥他的时候(你并不听孩子为什么说讨厌谁);当你带孩子听讲座,但是孩子坚持说讲座很蠢、很无聊的时候,你就会发火(虽然你也隐隐约约觉得讲座很无聊,但就是不想听到孩子这么说)。最后的结果往往是你和孩子开始争

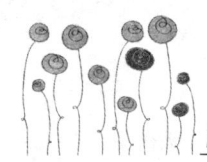

吵,并且通过家长的身份压制了孩子的感受。

否定感受的本质是焦虑

为什么父母总是用自己的判断,去断定孩子的感受呢?

父母对孩子感受的否定,本质上是对自己的焦虑。如果孩子感受到了父母感受不到的东西,提出不同的意见时,父母就会备感焦虑。

为人父母,担负着巨大的责任。在担负责任的同时,父母也会对自己产生一种"自恋"——过分地相信自己。在养育孩子的过程中,因为孩子的幼小和天真,一切都是由父母包办,父母的自我在这个过程中被无限地放大了。

当孩子说出父母所不能理解的感受时,父母往往会感觉自我受到了否定,所以,需要立刻捍卫自我。

孩子和父母,是不同的独立个体,拥有不同的独立感受系统,有不同的感受,那是再正常不过的事情。

接纳孩子感受的 5 部曲:

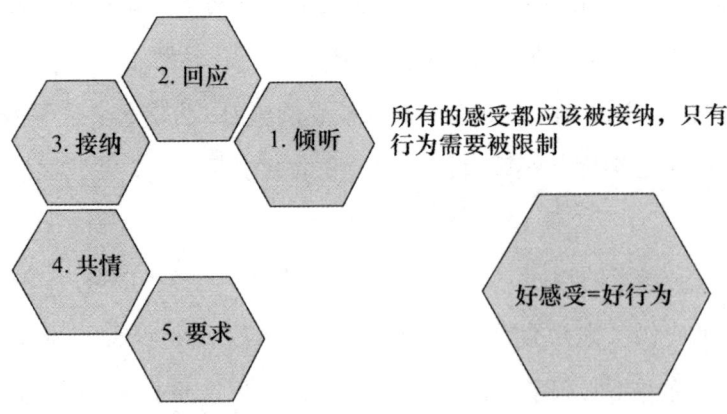

接纳孩子感受的 5 部曲

Chapter6 爱的代价

第一步：倾听

接受孩子的感受，是让孩子拥有良好行为的第一步。站在孩子的立场，去倾听他们内心的感受，并寻找他们会有这样的感受的原因。

"你的确很伤心，能跟妈妈说说为什么吗？"

"你有点累了对吧。"

"你讨厌他，妈妈知道了。但为什么呢？可以跟妈妈说说吗？"

通过类似的询问，能够诱导孩子说出自己的感受。让孩子说出自己的感受非常重要，因为孩子有时也不了解自己为什么会那样，为什么会如此生气或难过。让孩子说出其感受，是帮助他们的开始。

第二步：回应

回应孩子的诉说。回应能够很好地鼓励孩子说出自己的感受，还能使他们感觉到自己得到了认可。

"原来是这样啊……"

"原来宝贝是这么想的啊……"

"嗯嗯……"

类似于这样简单的语言，就能够使孩子感觉自己得到了信任。

第三步：接纳

接纳孩子的感受。如果父母能够把孩子的感受重新说出来，表现出对他的认可，孩子会感到更加高兴。

"我明白了，这真的让你很伤心！"

"啊，那他还真是有点讨厌呢。"

"你是累了。"

"这个节目确实不太好看啊。"

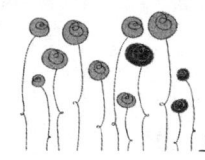
冷静的爱：告诉孩子如何独立成长

第四步：共情

共情不仅是一种方法，更是一种能力。没有共情能力的父母，很难成为优秀的父母。共情代表了真正去体会和认可他人的感受。如果可以，甚至可以用幻想的方法来帮助孩子实现愿望。

"真希望能把他变得招人喜欢呢。"

"我也想把你的劳累变走。"

孩子往往会在这个阶段表示开心，露出笑容。那是被认可的开心。

第五步：要求

孩子的感受没有对错之分，我们应该接受他们的感受，并限制他们的行为。经过前面四步，孩子的感觉会逐渐变好。在他们感觉好的时候，再来约束他们的行为，就会变得非常容易。

"我看得出你的确很累了。爸爸知道，但是作业是我们每天都要完成的任务，这样，你先休息 10 分钟，然后再去写作业，好吗？"

"我知道你很生小朋友的气，但是小朋友也不是故意的。我们应该告诉他那么做是不对的，而不是直接推他，好吗？"

家长通过这五步——倾听孩子的感受、回应孩子的感受、认可孩子的感受、共情孩子的感受和要求孩子的行为，可以很好地和孩子进行沟通。

其中最难的部分，是共情孩子的感受。如果没有真正的共情，对孩子来说，不管你说什么，都只是变相的操纵和命令。

家长的共情能力也是需要通过不断地练习来增长的，只有通过共情，才能真正看到孩子的内心，使孩子从内心深处接受你。

妈妈的回信：原来孩子不喜欢姥姥的原因是这个

这个周六的上午，我收拾东西准备送孩子去姥姥家。她又表现出磨磨蹭蹭的样子，并不断地说："我不想去姥姥家。"

我说："是吗？你不想去姥姥家。能告诉妈妈这是为什么吗？"

她说："我不想去。"

我说："那好的，没关系。宝宝很讨厌姥姥吗？"

她说："是。"

我说："为什么呢？"

她说："姥姥老给我喝豆浆，嗓子不舒服！"

我说："豆浆磨嗓子吗？"

她说："是的！不舒服。"

我这才想起来，孩子姥姥很喜欢给孩子磨豆浆，并且在磨豆浆时放很多五谷杂粮，非常有营养。姥姥在电视上看了养生节目，说把豆渣一起喝掉更有营养。那些豆渣对大人来说都很粗糙，何况小孩子呢？

于是我说："哎呀，那你真的很不舒服啊。妈妈了解了。姥姥不应该给你喝那个呢。"

她点点头。我继续说："可是姥姥是为了你好啊。这样，今天妈妈把宝宝送到姥姥家，跟姥姥说，以后喝豆浆都不要那些粗粗的豆渣了，你喝时就不会磨嗓子了。今天我们喝一点儿没有粗粗豆渣的豆浆好吗？"

她说："好的。"

我说："宝贝真乖。以后有什么不舒服的事情，要和妈妈说哦。"

她说："嗯！"

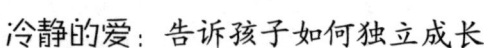
冷静的爱：告诉孩子如何独立成长

36. 不同的阶段不同的爱

总有一天，孩子会从现在的家庭中完全独立出去，建立属于他自己的家庭。

最危险的年龄段：13～18岁

13～18岁这个年龄段，对孩子来说，是最危险的年龄段。在这个年龄段，他从一个小学生正式成长为初中生，他既是孩子，又是青少年，这个年龄段我们称之为"高危年龄"。

当孩子长到13～18岁时，家长会发现孩子有了翻天覆地的变化，这个变化源于他自身、源于他和父母的关系，并最终影响整个家庭的关系。

危机1：无处诉说的成长烦恼

孩子在这个阶段，心中会有很多很多的烦恼，却没有地方诉说。

成长的烦恼、青春期的困惑在煎熬着他。回想你青春期的时候都遇到

过哪些问题：学业的压力，对未来的迷茫，父母的不理解，没有知心的朋友，在学校里的人际压力，甚至是对隔壁班异性的悄然喜欢。

而此时，他们的生理发育也最快，使他们进入不适应期。有的女孩会对自己的发育感到恐慌，甚至非常厌恶自己的发育；有的男孩会非常好奇——对自己的发育充满好奇，对异性也好奇。如果这时家长不能加以引导，就会加重他们的痛苦。

这些生理和心理上的困惑，使这个阶段的孩子感到非常恐慌，为了逃避这种恐慌，他们会做出一些极端的伤害自己的行为，比如酗酒、早恋、吸烟、自我伤害等。

当你长大后，你会认为这些事情都是小事，但是对青春期的孩子来说，这就是比天还大的事情。

当孩子长大后，往往不会将自己的心事告诉父母，如果他又没有非常亲密的朋友去诉说，就会感到非常孤独。这种孤独会给孩子带来父母所无法理解的痛苦。

危机2：渴望自由却没有"尺度"

通过对一千多个家庭和孩子的深入了解，我发现，13～18岁这个年龄段，对孩子来说，是最危险也最敏感的年龄段，他们的生理和心理都在急剧地发生变化，在这个年龄段，他从儿童变成了青少年，开始渴望独立、渴望自由。

他渴望自由，但是他没有办法获得完全的自由；他渴望独立，但是他没有能力独立。

他对自由的概念是模糊的，也无法掌握这个尺度。所以他可能会逃课、会去网吧玩，会和小伙伴们一起做一些出格的事情。因为他渴望的是不被掌控的自由。

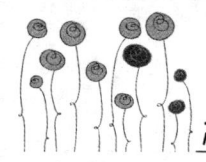

危机3：不稳定的心理状态

孩子在这个阶段的心态是非常不稳定的！有的孩子表现出易怒，有的表现出不耐烦，还有的孩子叛逆心理稍强一点儿，他会非常关注从社会、从网络、从朋友那里传过来的负面信息。

在青春期，孩子对正能量的接受能力明显降低，对负能量的接受愿望明显提高，这是非常正常的。

每个孩子都是如此，有的家长看到孩子整天在接收负面信息，甚至主动去接触负面信息时，会非常着急，甚至强烈制止。

但是家长制止得越厉害，孩子反弹得也越厉害。

家长的正确做法是，在孩子身边默默地陪伴他度过这一段时间。甚至有时可以和他一起去接触，主动跟他解释，主动把负能量的一面摊给他看。

这个阶段对家长来说也是一个高危阶段，家长的内心也是很痛苦的，因为在这个阶段，家长会面对孩子和父母之间的亲子关系的爱无力。

爸爸妈妈在这个阶段往往不知道做什么，好像做什么都无法改变孩子的现状，不知道如何去爱孩子，爱也收不到效果。这就是爱无力。

危机4：被压抑的独立渴望

在青春期，孩子对于独立的渴望被压抑住了。他想要独立，但是他没有独立的能力。

在这个阶段，孩子明显不愿意跟父母交流。确切地说，从孩子11岁左右开始，父母就会发现孩子开始不愿意和自己过多地聊天了。

有时自己想和孩子说说话，孩子却坐在那里一言不发。父母往往会有种恐慌感：不知道孩子在想什么，不知道怎么才能恢复以前亲密的亲子关系。

其实不是孩子不想跟你说，而是他不知道跟你说什么。父母也不了解孩子内心的恐慌。外面的世界对他们充满诱惑，他们不愿再接受父母过往的教育模式。

如何面对高危年龄的孩子？

如何面对青春期的孩子？

父母首先要做到的就是忘记"青春期叛逆"这几个字。

青春期叛逆，这5个字看起来很简单，也很能说明青春期孩子的行为模式，但是我建议父母把这5个字忘掉。

当你说出这5个字时，往往就给孩子定了性："你的所做所为都是出于叛逆，所以你是错的，我是对的。你的所做所为、你内心的想法都是出于叛逆，所以我不需要去了解你，也不需要理解你，你只要改正，我只要帮助你改正就行了。"

这种逻辑简单粗暴，忽视了孩子在青春期身体和思想都开始走向成熟这一事实。他们开始有自己的想法、自己的主张，这是件非常正常的事情。

如果孩子和父母的主张不一样，孩子当然会倾向于自己的主张，这是他走向成熟、走向独立的开始，怎么能够将其定性为叛逆呢？

去了解你的孩子，并尊重他和其他孩子的不同。

如果父母觉得和孩子沟通起来非常困难，那么就应该从自身去找原因，了解孩子为什么不愿意和自己沟通，自己是否尊重孩子，自己是否将孩子放在与自己平等的位置上。

想要和叛逆期的孩子沟通，家长要注意以下几点：

在孩子面前不要再以全知全能的角色出现——以过来人自居，或认为孩子涉世未深，凡事都应该听自己的。这种态度是孩子最为反感的。在和孩子沟通时，家长应将自己的架子放下，要尊重孩子，不然孩子是不会愿意和你沟通的。很多孩子处在叛逆期时都会对父母的很多行为非常不满，这时父母

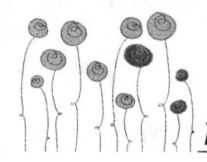

要学会适当的让步,让孩子感觉到父母愿意和他平等地进行沟通。

通常孩子感兴趣的事大多是父母看不惯的,这时父母要学会包容,不要用自己的喜好来对孩子的爱好进行评价。叛逆期的孩子对于父母的意见和看法非常敏感,父母如果反对孩子的兴趣,那么孩子会很容易产生对抗心理,这时,不断地劝导将会产生适得其反的效果,聪明的父母应该学会避免这种情况的出现。

当孩子提出自己的要求时,无论其要求是否合理,父母都不要立刻否决,而应该同孩子一起对其要求进行分析,权衡利弊。如果孩子提出一个不合理的要求,而父母一口拒绝,那么孩子只会更加强烈地要求实现其愿望。

对处于青春期的孩子来说,尊重是十分重要的,如果孩子感觉到自己没有被尊重,那么任何沟通都是没有效果的。沟通不仅仅是口头上进行,父母的态度以及行为也非常关键,孩子在青春期时如果能够感受到父母将自己摆在平等的地位上,愿意尊重自己的意见和看法,那么他就愿意什么事情都和父母商讨,觉得家充满了安全感。

和孩子沟通的要诀

很多人对沟通的含义并不十分明白。双方双向进行互动才是沟通,只是自己表达意见,不听取孩子的意见,那就不叫沟通,而这恰恰是父母所认为的沟通,这种沟通是非常让人厌恶、反感的。当孩子对于父母的"沟通"不愿意听时,父母就会将孩子定义为叛逆,实际上孩子并不是不愿意沟通,只是父母的沟通方式是错误的。要想让孩子听自己的,应该先学会听孩子想要说什么,比如了解孩子心理上究竟发生了哪些变化,孩子现在需要什么,被什么问题所困扰。处于青春期的孩子身心都在由儿童向成人发展,且短时间里变化非常显著,孩子发现了自己的变化,想要知道自己的力量,需要社会认同,这个时候就需要一个适当的空间让他去尝试和适应,

Chapter6 爱的代价

而父母因为害怕孩子做错事而将他的空间不断压缩，面对父母的这种行为，孩子肯定会进行抗争。这种时候，父母应该学会跟孩子谈判，做出一定的让步、妥协。

孩子在不断成长，父母不可能一直照顾孩子，总要慢慢放开孩子的手。所以，试着将自己还没有成年的孩子当作一个成年人那样对待，给予他需要的尊重，让他对自己的行为多进行思考——学着以成年人的方式去对行为利弊进行判断，而不是将自己的精力都用在和父母的对抗上。

父母有教导孩子的义务，青春期的孩子在受到父母管束时经常会产生强烈的对抗心理，所以父母应该通过教导孩子使其知道很多事情并不只有是和否两种结果，而是能够进行讨论，双方作出让步的。要想让孩子学会这些，父母就需要先作出表率。

孩子的青春期并不是某一天突然到来的，如果能够在青春期之前一直与孩子保持良好的沟通，那么很可能孩子就不会有叛逆行为了。叛逆是青春期孩子容易产生的心理，但并不是一定会有的，叛逆的产生是有原因的。面对处于青春期的孩子，父母应该更多地关注孩子，但不是去干涉；学会和孩子交流，适当地进行妥协，但要明确底线。

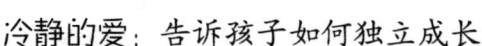

冷静的爱：告诉孩子如何独立成长

37. 孩子，爸爸妈妈也会错，请你原谅

妈妈的来信：女儿说，再也不想当我的孩子了！

我的女儿今年9岁，一直是个非常乖、非常懂事的孩子。学习方面从来不让我操心，成绩在班级里一直是前几名。为了让孩子能够保持现在的成绩，尤其是锻炼她的作文能力，我要求她每天学习不少于6个小时，包括暑假也是如此，此外每天都要写一篇日记。

最近正值放暑假，一开始她每天坚持学习还是不错的。有时是一天完成两张数学卷子，然后写写日记；有时是做暑假作业，然后复习课文。但是这两天我发现，她的日记写的字数越来越少了。

开始她的日记是很有灵性的，有很多她自己的感悟在里面，慢慢的，她的日记就变成了那种流水账式的内容，于是我就要求她改正。

Chapter6 爱的代价

后来她就坚决不写了，我问她："你今天怎么没写日记？"

她说："我不想写了，我累了。"

我说："不行，你答应妈妈的每天学习计划呢？怎么能不写了呢？"

她说："我就是不想写了！"

我教育了她半天，但是没有任何效果。

最后她对我说："我就是不写！你怎么不写？你想写日记你自己写！"

我一生气没控制住，就甩了她一个耳光。我说："你说的是什么话？有这么跟妈妈说话的吗？"

她就跑回自己的房间哭。我听见她在和我给她买的一个玩具狗说话，她一边哭一边说："布狗狗你知道吗？在这个家里只有你最疼我，只有你会静静地听我说话，只有你最知道我的感受。爸爸妈妈整天说爱我，说一切都是为我好，可是他们只知道逼迫我做我不想做的事情，从来不问我的感受，布狗狗，你把我也变成布狗狗好不好？"

然后她冲我吼："我不想再当爸爸妈妈的小孩了，当小孩太辛苦了！"

我听了很伤心，也很抱歉。但是我是为了她好啊。我对她这么好，她怎么感受不到？为什么说我还不如那只布狗狗疼她？

从那以后，孩子就不跟我说话了。

现在的孩子学习负担太重，既要背课文，又要做试卷，还要写日记，就说信中的小女孩才9岁，就要每天学习6个小时，这是多么沉重的负担！对一个9岁的孩子来说，这么沉重的学习压力，是违背她的成长规律的。

孩子需要学习，也需要放松和玩耍，一个没有时间玩耍和放松的孩子，是没有幸福感和快乐的。

以信中的妈妈为例，当她遭遇女儿的反抗时，第一反应是给孩子一个

耳光。要注意：无论对成人还是小孩，打耳光这个行为都会给其内心带来伤害，这个行为带有很大的侮辱性和暴力性质。耳光比其他所有同等疼痛程度的肢体体罚都要暴力。

父母通过体罚、强迫、家长的权威，能够解决孩子的不服从，但是解决不了他的感情。当你的手扇向孩子的脸时，也扇远了你们之间的距离。

永远不要试图用暴力的手段使孩子服从你，这样你赢得了一时的胜利，却输了父母和孩子之间最珍贵的感情，输了孩子对父母的信任。这种信任一旦失去，很难再回来。

做错事的爸爸妈妈们，如果孩子失去了对你的信任，你应该真诚地反省、道歉，现在开始改变，一切还来得及。

我有一个朋友，跟我说她初中的时候非常叛逆，常常和父母爆发战争，有时她爸爸就会用打这种方式解决问题。

有一次，她爸爸打她的时候失了手，打在了她的眼睛上，她爸爸妈妈都吓坏了，赶紧送她去医院，所幸伤势不重，但是她的眼睛两个礼拜都没有消肿。

她说："那时候我真的觉得自己没有尊严，怀疑世界上没有人真的爱我。"

我问："然后呢？"

她说："然后我原谅了他啊。就这么简单。刚开始的时候我很怨恨我爸爸，也怨恨妈妈没有劝阻他；怨恨他们不理解我，怨恨他们总是对我持粗暴的态度。所以，上大学时我填报了一所很远的学校，很少回家。参加工作也在外地，一年就回一次家。爸爸妈妈很后悔在我小时候那么对我。但是后来，我想明白了，每个人都不是完美的。虽然爸爸妈妈打过我，他们也不是很会教育孩子的人，但我还是能感受到他们对我的爱。他们就在那样的环境里长大，他们并不懂得怎样去教育一个孩子。他们的爸爸妈妈

Chapter6 爱的代价

怎么对他们,他们就学着怎么对我。有时我能感觉到,他们对我充满了愧疚,但是他们也不知道怎么去爱我。"

我想,有这样懂事的孩子,是她的父母的幸运。但是,这样的"懂事",也是在她渐渐长大,见到更大的世界,有了更多的人生经历之后,才和父母之间达成的互相谅解。

父母向孩子道歉的步骤:

第1步:真诚地承认自己"错"了

道歉的第一步就是承认错误,对孩子承认"妈妈做错了"。

有时我们常常把敷衍当成道歉,我们嘴里说着"别生气啊"、"不好意思啊"、"对不起啊",但就是不说"我错了"。

说"我错了"有多重要?首先我们来分析其他几种措辞方式。

"别生气",是对对方的要求。我们做错事后,不去弥补,不去道歉,就让别人别生气,凭什么?难道别人连生气的权利也没有吗?

"不好意思",比"别生气"——单纯地要求对方要好一点儿。"不好意思"是以轻描淡写的方式蒙混过去,是所有道歉方式中重量最轻,也最没诚意的道歉。

"对不起",比"别生气"和"不好意思"都要好,属于变相地承认自己有错,祈求对方原谅。但是在"对不起"里,仍然没有对自己行为的深刻反省,没有真诚地承认自己的错误。

承认自己错了有那么难吗?不承认自己错误的道歉是最不真诚的道歉。

即使我们面对的不是孩子,是我们的上司、同事、客户、陌生人。如果我们想要道歉,想要取得对方的原谅,也一定要看着对方的眼睛说:"我错了,对不起。"

第2步:让孩子知道我们对自己犯的错非常后悔

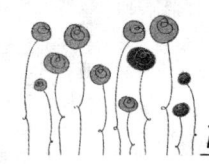

冷静的爱：告诉孩子如何独立成长

孩子的天性都是渴望讨好父母的。如果让孩子知道，爸爸妈妈已经知道错了，爸爸妈妈很后悔，渴望弥补，孩子都会愿意给父母一个弥补的机会。

第3步：做出改变和弥补行为

仅仅道歉是不够的，更重要的是如何防止这种情况再次发生。从哪里犯的错，就从哪里改正。针对我们犯的错误，我们要提出相应的补救措施。

第4步：养成自我反省的习惯

我曾经在课堂上问在场的家长们：作为孩子的父母，作为孩子的抚育者和教育者，我们应如何反省自己的行为？一个家长说："我发现我在教育的孩子过程中，犯的错误太多了，我们都是罪人！"

这种说法我既不反对，也不赞成——我们确实错了很多，但是并不是罪人，"罪人"这个词太沉重，但是反省应该是一件非常快乐的事情。因为反省意味着改正错误、发现错误，然后走向快乐。反省是一种当下的快乐。

我们要发自内心地去体会孩子的感受，同时不要忘了自己的感受。

当大人学会反省，孩子也学会反省时，那么大人和孩子就能够共同成长，共同走向快乐。

作为父母，应该在孩子小的时候，一方面，尽自己的全力，用智慧、用心去爱孩子；另一方面，也要让孩子知道：爸爸妈妈也会错，爸爸妈妈也不是完人。如果爸爸妈妈做错了，请你原谅。

如果在孩子小的时候，就让他知道这一点；如果在孩子小的时候，父母做错事，就能立刻向孩子诚恳地道歉，让孩子学会接纳父母的缺点，那孩子的童年会更幸福，孩子和爸爸妈妈之间的感情也会更好。

Chapter6 爱的代价

妈妈的回信

因为孩子不再和我说话,所以那天我走进她的房间,走到她面前,抱起布狗狗说:"对不起,前两天,妈妈很没有礼貌,因为太着急,就打了你的好伙伴——我的宝贝女儿。她太伤心了,不肯原谅我。现在我知道错了,我不应该打她。妈妈这次真的做错了。你能不能对你的小伙伴说,让她原谅妈妈?妈妈打她的那一刻,心里比她还伤心。这几天妈妈非常后悔。"

在我说话的过程中,孩子开始掉眼泪,我说完了,孩子立刻转向我说:"妈妈,谢谢你。我也有错,我不应该太任性,我也不该对妈妈吼!"

我说:"妈妈知道强逼着你学习是不对的,以后妈妈再也不要求你每天的日记写那么多字了,只是接下来妈妈想跟你达成共识——与你一起写日记,一周就写2~3篇,好不好?感悟多的话写3篇,感觉没有什么可记录的话就写2篇,好不好?妈妈去买2个新的日记本,你一本,我一本,然后我们两个一起写好不好?写完我们可以一起去玩!"

她非常开心地同意了。

Chapter 7 爱的护卫

没有不好的孩子,只有不好的教育和不好的父母。

没有错误的行为,只有错误的管教和错误的判断。

作为父母要付出很多,除了大量的物质,更重要的是精神上的付出,关注、反省、自律、尊重、耐心、成长、指导,每一样都是为人父母应该学会的课程。

在这些课程中,我们要学会保护孩子的耐心,学会"罚"的艺术,学会如何用5双眼睛去面对和帮助孩子,学会如何建立秩序和规则,最重要的是,要学会如何引领孩子走向自强和自立之路。

38. 孩子,因为爱你,所以我们永远不会毁掉你的耐性

眼前的可乐还没有喝完,孩子就嚷着要喝橙汁;在小区建身区域看到好玩的健身器材,立刻就要去玩,完全无视已经在玩的人;报了兴趣班学了几个星期,就说什么也不去了;有的事情明明自己能做,还是让家长代劳;情绪不稳定,稍不如意就大发雷霆;性格冲动,没办法深入思考和冷静地解决问题;不能承受失败的挫折……

这些都是孩子缺乏耐性的表现。孩子的耐性往往是从小建立起来的,所有的专家都会告诉我们,要从幼儿阶段开始培养孩子的耐性,如果孩子上了小学、中学,还没有培养出良好的耐性,那么孩子以后就要吃亏。

耐性的培养对孩子的教育来说非常重要,耐性奠定了孩子未来的成就。

柏拉图曾说过:耐心才是一切聪明才智的基础。

Chapter 7 爱的护卫

耐性同时也是孩子梦想的基础。孩子天生有耐性，但是父母的有些行为，毁掉了孩子的耐性。

当我们毁掉孩子的耐性时，其实我们正在毁掉孩子未来人生中的重要护卫。

是什么毁掉了孩子的耐性？

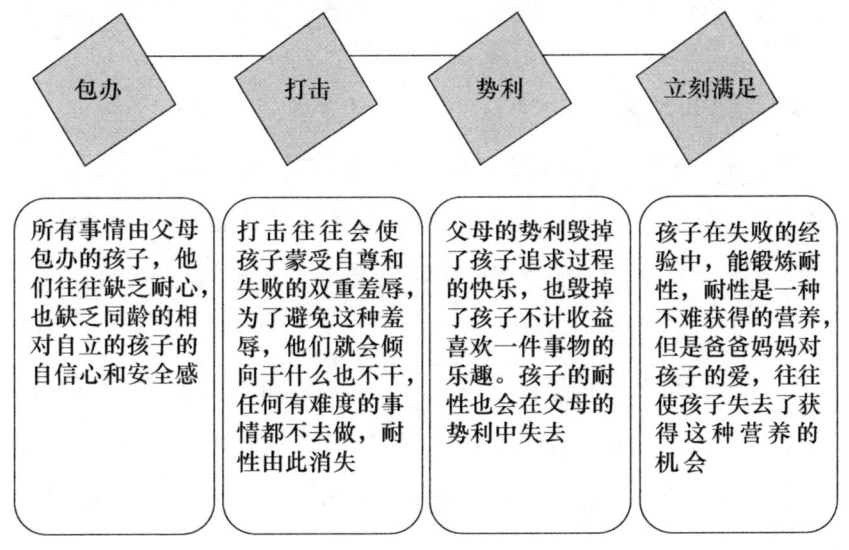

4种行为毁掉孩子的耐性

包办："这件事让爸爸妈妈来帮你吧！"

父母包办乃是教育孩子的万恶之源。很多事明明孩子自己能做，但是爸爸妈妈就是要替孩子完成，这种包办其实剥夺了孩子自由成长的机会。

所有事情由父母包办的孩子，往往缺乏耐心，也缺乏同龄的相对自立的孩子的自信心和安全感。

因为自信心的来源是成功经验的累积，孩子的一切由父母包办了，没有成功的经验也没有失败的经验，自然没有自信。

缺乏自信，也就缺乏了安全感。

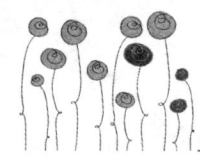

冷静的爱：告诉孩子如何独立成长

打击："我说了，你做不了那个！"

当孩子想做什么时，父母立刻施加言语上的打击，会很容易毁掉孩子的耐心。

"你做不了那个。"

"你肯定要失败的。"

"妈妈觉得那样不行，你还是别做了。"

"我早就告诉过你了吧。"

这种打击往往使孩子蒙受了自尊和失败的双重羞辱，为了避免这种羞辱，他们就会倾向于什么也不干，任何有难度的事情都不去做，耐性由此消失。

父母们不懂的是，失败的经验也可以帮助孩子培养良好的耐性。

势利："你就不能学点有用的？"

家长往往会过分重视结果，重视一件事的收益。如果孩子做的事情没有带来切实的收益，那么无论他在过程中多么努力，在爸爸妈妈那里都算失败。如果孩子喜欢的东西不能带来真正的收益，不管孩子多么喜欢，爸爸妈妈都不允许其投入太多精力。

这种"势利"本质上是成人在社会竞争法则熏陶下练就的能力。通常来说，一个人越势利，越注重效益，就能活得越好。所以父母往往会把这一套也加到孩子身上。

殊不知，这种势利毁掉了孩子追求过程的快乐，毁掉了孩子不计收益喜欢一件事物的乐趣。孩子的耐性，也在父母的势利中逐渐失去。

立刻满足："好好好，你要什么爸爸妈妈都满足你。"

孩子在失败的经验中能学会耐性，在失望中也能培养耐性。耐性是一种不难获得的营养，但是爸爸妈妈对孩子的爱，往往使孩子失去了获得这种营养的机会。

孩子想要玩具，只要一哭闹，爸爸妈妈立刻就予以满足。

孩子想做的事情，只要一要求，爸爸妈妈也立刻予以满足。

欲望满足得太快，会导致孩子不会等待。

这4种毁掉孩子耐性的行为，几乎在每个家庭中每天都能看到。这些行为培养出了没有耐性的孩子。

没有耐性的孩子呈现出3种不良倾向

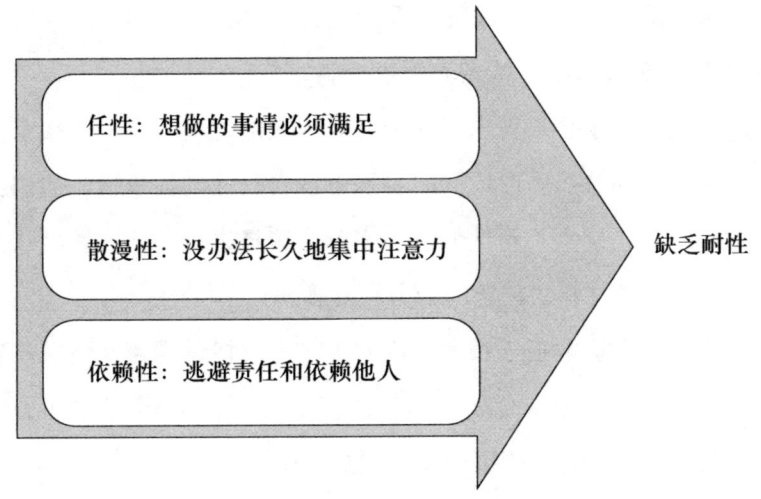

缺乏耐性的孩子的3种倾向

任性："我要的必须立即执行"

任性，这正是孩子缺乏耐性的最大特点。只要孩子得不到想要的，做不到自己想做的事情，就会立刻大喊大叫、骂人、撒泼，甚至开始打其他人——其他小朋友甚至父母。

孩子一开始做错事，都会感到自责。但是当孩子失去耐性后，做错了事情也不会再有自责感，而且谁的话都听不进去。除非其欲望得到满足，否则他们就会不停地发火。

缺乏耐性的孩子长大以后会变成缺乏耐性的成年人，只要欲望得不到

满足,他们就会变得失落、不安,甚至会做出一些极端的事情来。

散漫性:"这个我觉得好玩,那个我也觉得好玩"

缺乏耐性的孩子往往注意力不容易集中、缺乏纪律性。他们显得比其他孩子更加散漫,做事也没有持久性,常常是三分钟热度。

比如玩玩具时一会儿玩这个一会儿玩那个;写作业时没办法集中注意力,常常写着写着就去玩了;报任何兴趣班都不能坚持到底。

散漫性是阻止孩子今后成就一番事业的最大阻碍。

依赖性:"爸爸妈妈,能帮我做这个吗?"

缺乏耐性的孩子会表现出对父母、对他人的过度依赖,什么事都想靠别人去完成。当面临压力时,同龄宝宝可以自己处理的事情,他们会寻求别人的帮助,如果别人不帮他们,他们就会选择逃避。依赖性使孩子变得意志薄弱,丧失独立解决问题的能力和意志。

依赖性同时会影响孩子长大以后的工作和感情,因为他们很难独立处理一段感情,也很难独立面对工作中的巨大压力。他们会选择压力最小的工作,并且在出现问题时的第一反应就是逃避。

判断你的孩子是否缺乏耐性

	缺乏耐性的孩子的特征	在此打 √
1.任性	只要得不到满足,就立刻开始哭闹	
	相对其他同龄小孩,更爱哭	
	相对其他同龄小孩,情绪更容易激动	
	神经敏感,经常感到不安	
	情绪不稳定	
	不能和朋友好好相处	
	经常和小伙伴吵架、打架	
	做事冲动,不考虑后果	

Chapter 7 爱的护卫

续表

	缺乏耐性的孩子的特征	在此打 √
2.散漫性	总是坐立不安,像患了多动症,比如看电视的时候动来动去,一会儿站着一会儿坐着,不断换位置	
	饮食调节不好	
	不能安安静静地吃饭,总是一边吃一边动	
	经常会打碎家里的东西	
	做事不能有始有终	
	玩一个玩具的时间较短,玩一会儿就要换玩具	
3.依赖性	不能独立完成有难度的事情,总是要父母帮忙	
	如果父母不帮,就拖拖拉拉地不去完成	
	生气的时候总是说一些非常过激的话,甚至骂人	
	不如意的时候就不断耍赖	
	对于不开心的事情,总是逃避处理	
	自私自利,只关心自己	

打的勾越多,说明孩子越缺乏耐性。

帮助孩子培养耐性有 6 个法宝

法宝 1:让孩子学会独立和负责任

让孩子学会独立和负责任,这是培养耐性的最根本方法。家长可以从最简单的小事开始,帮助孩子培养耐性。

例如,当全家外出时,孩子想要带上他的几个玩具,相信大多数家长都会直接拒绝。因为如果让孩子带上了他心爱的玩具,那么孩子很可能会因为将玩具弄坏或者弄丢而吵闹不休,所以父母认为这种时刻还是应该断然拒绝孩子的要求,不让他带玩具。

实际上家长这么做是将孩子应有的选择权利给剥夺了,孩子的要求并不是不道德或者伤害他人的要求,为什么不能让孩子带心爱的玩具出去玩呢?

215

冷静的爱：告诉孩子如何独立成长

家长们的拒绝也将其与孩子之间的关系破坏了。

所以，当孩子要求出门带上玩具时，家长首先应该告诉孩子："你需要自己照顾好你的玩具。""照顾好"的意思就是：第一，保护好自己的玩具，不丢失、不损坏；第二，不要让玩具给别人带来麻烦；第三，玩具如果损坏或者丢失了，因为是你自己负责照顾它的，所以不能将责任推给其他人。而让孩子明白这些之后，今后再出门时，他就会拿上自己的玩具并告诉你："我会照顾好我的玩具。"

在孩子不同的年龄阶段，其认知和理解能力都有所区别，我们应该用不同的语言将这个道理告诉孩子。

法宝2：在游戏中培养耐性

益智游戏和团体游戏都能够很好地培养孩子的耐性。益智游戏可以是拼图、积木，大一点的孩子可以玩九宫格、数字游戏，在完成游戏的过程中，孩子也锻炼了耐性和集中力。

和其他小孩一起玩团队游戏，能够使孩子学会守规矩，学会和他人团结协作，学会忍让和等待。

想要培养孩子的耐性，就要为其建立起稳定的规则和习惯。家长要注意，不要凭一时的兴趣去教育孩子，或者让孩子做某事。比如看到别人报钢琴班也给自己的孩子报，看到别人报书法班也给自己的孩子报，这种一时兴起，只会毁了孩子的耐性。

如果孩子对某件事真的不感兴趣，也缺乏天赋，就不要强迫他去做。只有孩子真的对某种课外学习感兴趣时，帮助他发挥潜能，才能取得事半功倍的效果。

法宝3：告诉孩子耐心是一个长期的过程

告诉孩子什么叫耐心：耐心是一个长期的过程。耐心不仅仅是在等待

的时间里你可以做什么，更重要的是，耐心地等待一点点时间，最终将会得到他所期盼的东西。

法宝 4：父母就是孩子最好的榜样

我们常常听到：好父母胜过好老师。原因就是父母的榜样作用比老师的单纯说教更加有效。帮助孩子培养耐性，父母首先要具备一定的耐性。如果爸爸妈妈也是急性子，难免会给孩子做出错误的示范。

如果要孩子学会耐心和等待，首先父母就要学会耐心和等待。

法宝 5：停止包办孩子的人生

爸爸妈妈们爱的包办，往往使孩子失去了天生的耐性。要想让孩子恢复耐性，首先父母要停止为孩子包办一切，让孩子独立解决问题。

没有人喜欢困难的问题，所以家长更要培养孩子解决难题的能力。

法宝 6：开始重视事情的过程

出于功利心，家长们往往重视结果远胜于过程，结果造成了孩子的急功近利。没有学会走的孩子不可能会跑，没有学会 A、B、C 的孩子也不可能马上说出流利的英语，爸爸妈妈们应该从现在开始重视过程，抱着相信孩子的态度，和孩子一起重建耐性。

家长们可以在孩子力所能及的范围内为他们设立目标，并陪伴他们最终实现自己的目标。在这个过程中，家长要鼓励孩子说出目标，通过强调，孩子会暗示自己信守承诺，从而锻炼出坚强的意志。

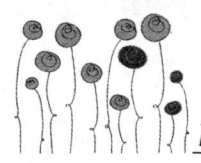

冷静的爱：告诉孩子如何独立成长

39. "罚"的艺术

爸爸的来信：孩子不懂得尊重怎么办？

平时我工作比较忙，都是我爸妈和孩子妈妈在照顾孩子，我对孩子的内心有点忽视。孩子嘛，我想总不会出什么问题。这周六我和孩子两个人在家，孩子妈妈去岳母家了，我就请了个小时工来收拾屋子，给我们父子俩做饭。保洁阿姨刚做完卫生，孩子就在吃东西时把渣渣弄了一地。我对儿子说："儿子你弄的垃圾，自己扫干净。没看见阿姨在干活吗？你这是不尊重别人的劳动成果。"

没想到这孩子对我说："为什么啊？你花钱不就是让她来干活的吗？我干嘛要干啊！"

我有点生气，就说："这孩子怎么这么不尊重人呢？"

Chapter 7 爱的护卫

他竟然说:"我干嘛要尊重一个佣人啊?"

我又惊又怒:是谁给他灌输的"佣人"这个词?我们偶尔请阿姨,都明确告诉过孩子,是"阿姨",从来没有给他灌输过等级观念。我爸爸妈妈为人是有点势利的,但这也是没办法的事情,因为上一代人没经过我们这么好的教育,没有我们这么好的环境,难免会有一些老观念。

但是我没想到这对孩子的影响这么大。而且我以前很重视教育孩子要尊重别人,但万万没想到他竟然这么不尊重别人。

我就沉下脸,勒令他向阿姨道歉。

阿姨在一边也挺尴尬的,一直跟我说"没事没事,小孩子不懂事"。

但孩子死活不道歉,最后还哭起来了。

我非常生气,让阿姨走了,先不收拾房子了,不然孩子总觉得,别人为他劳动是应该的。然后我关了他的禁闭,告诉他下个礼拜天哪儿都别想去。

目前除了这种惩罚,我还想不到更好的方法。我该怎么去改变小孩错误的思想?

很多家长在孩子犯错时,会惩罚孩子,并且会有这样一种困惑:不知道该拿孩子怎么办,除了惩罚,也找不到别的办法去教育他。

而我的建议是,不要直接惩罚孩子。惩罚其实是剥夺了孩子自我反省的机会,也许孩子有愧疚心,也想改正,但是还没有付出行动,就被大人惩罚了。

孩子认为自己得到了惩罚,那么就不需要反省了。

对孩子的成长而言,惩罚并不能带来很好的效果。

惩罚不是目的,让他认识到错误才是目的。

惩罚本身不是目的,只是让孩子学好的一个手段,如果惩罚本身不能

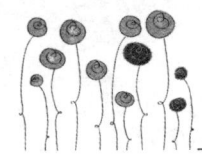

冷静的爱：告诉孩子如何独立成长

达到这一效果，那还不如不罚。

大人惩罚孩子，是因为孩子做错了事，惩罚，罚的是孩子制造的问题。

如果我们能够把孩子当成问题的参与解决者，而不仅仅是麻烦制造者，那么让孩子变好，是不是就更容易些？

惩罚也是有艺术的。聪明的"罚"，有5种可采取的措施，爸爸妈妈可以根据实际情况选择或组合使用。

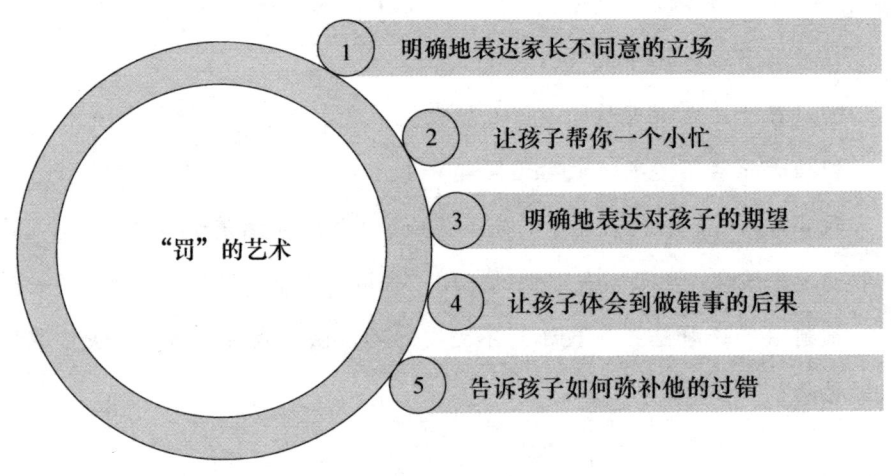

"罚"的艺术

措施1：明确地表达家长不同意的立场

当孩子表现出错误的思想，并且经过爸爸妈妈的教导也不改时，说明这个想法在他的内心已经根深蒂固了。

家长首先要做的，就是向孩子表达出他们明确不同意的立场。让孩子知道父母的想法，下一步才是和孩子进一步沟通。

措施2：让孩子帮你一个小忙

在对孩子改正错误这件事上，行动比言语更重要。

要把错误的思想连根拔起，光靠嘴上的说教是不够的，如果能够和孩子

一起行动,让孩子感受到做正确的事的快乐,那么这是不是比惩罚更有效?

具体的做法是,可以让孩子帮一个小忙,让其参与到弥补过错的行动中来。单靠犯错——大人教诲——孩子成长这样三个步骤是远远不够的,每个孩子都应该得到弥补他们犯下的错误的机会。

言传身教,言传只是基础,身教比言传更重要。只有大人的实际行为才能给他们带来震撼,并使他们发生改变。

措施3:明确地表达对孩子的期望

如果我们没有对孩子明确地表达过对他的期望,那么孩子犯错误,其实本质上是大人的疏忽导致的。

家长应用明确的语言告诉孩子你对他的期望,你希望他怎么做。

比如说:"妈妈希望你能成为一个懂得尊重他人的人。妈妈希望当你做错事时,你能够向别人道歉。"

成为一个懂得尊重他人的人——是表达期望。

能够向别人道歉——是希望他具体怎么去做。

措施4:让他体会到做错事的后果

我在网上看到过这样一个故事:有个孩子,在他小时候家里请了个保姆,这个保姆身世凄凉,唯一的财产就是她随身带着的亲人的照片。

这个孩子小时候不懂事,常常为难保姆。有一天,他偷偷撕碎了保姆珍藏的照片,还故意把饮料倒在保姆的衣服和床上。

保姆买菜回来,看到这个场景,一下就哭了。小孩有点后悔,但他非常倔强,可能在他心里,觉得自己就是拥有更多权利吧。

孩子的妈妈回到家,发现孩子做的这些事,几乎气炸了。她想揍孩子,但是保姆一直拦着她。

最后孩子的妈妈把孩子叫到跟前,让他看着妈妈一点点地手洗保姆的

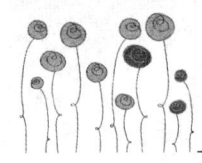

冷静的爱：告诉孩子如何独立成长

衣服和床单。妈妈又一点一点地把照片拼好。在这个过程中孩子后悔了，一边哭一边道歉。

但是孩子妈妈并没有停下，把这一切做完后，她先是和孩子讲道理，告诉孩子这个阿姨是多么不容易，讲阿姨平时对他的好。最后妈妈问了孩子两个问题：

"你做错了事情，妈妈就要替你承担后果。看到妈妈这样替你承担，你感到难过吗？"

"阿姨离乡背井出来打工，凭借自己的劳动赚钱，为什么你要这样侮辱她？你觉得别人不需要尊重是吗？"

从此以后这个孩子就改了。他说他始终记得妈妈问他的这两个问题。

但是我想，假如这位妈妈一上来就问这两个问题，摆事实、讲道理，可能未必会有这样的效果。为什么？因为孩子是跟家长学的。而且孩子没有意识到他所犯的错误，会带来什么样的后果。

在这个故事中，孩子犯的错误，由妈妈弥补了。但是孩子也承受了相应的后果：妈妈替他道歉，妈妈替他洗衣服、补照片。即使他已经后悔了，哭着道歉，也不能改变这一事实。

我想这种后果对孩子来说，教育意义是很大的。

关键是，家长要能够狠得下心，让孩子真正意识到错误带来的后果，而不是简单地批评几句、打几下就完事。

措施5：告诉孩子如何弥补他的过错

当孩子彻底意识到自己错了，家长就需要给孩子改过的机会。温和地给孩子指引方向，告诉他们如何去弥补自己的行为，并避免以后再犯此类错误。

爸爸的回信：我们一起把房间收拾干净了

保洁阿姨走了，我和孩子谈了很久。

我跟孩子说了很多以前没有跟他说过的话，比如我看到的他的优点和缺点，他让我引以为傲的地方，他小时候是多么听话。他听得很认真。

最后我跟他说了我对他的期望："爸爸希望你能成为一个懂得尊重他人的人。爸爸希望当你做错事时，能够向爸爸道歉。"

他想了想说："爸爸我错了。"

然后他继续低着头说："爸爸你惩罚我吧。"

我说："那好，那咱们一起把屋子收拾干净好吗？"

他显露出特别高兴的样子，因为平时我的惩罚都是不让他看动画片，不让他出去玩，关禁闭，他没想到这次是和他一起收拾屋子。

然后我们父子俩一起动手，足足忙活了好几个小时。虽然很慢，但是这个过程远比平时要快乐。

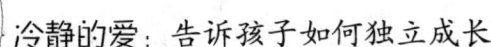

冷静的爱：告诉孩子如何独立成长

40. 炼就5双眼睛

妈妈的来信：孩子被爷爷奶奶宠坏了怎么办？

我的孩子今年4岁，我平时工作比较忙，因为我的工作是项目制的，忙的时候特别忙，等一个项目完成后往往又能清闲很久。所以从孩子上幼儿园开始，我在忙的时候就让爷爷奶奶带他，有时是几周，有时是一两个月。等我不忙的时候再把他接回来。渐渐地我发现，孩子养成了很多"臭毛病"。比如吃饭的时候总要大人三请四催，甚至追着喂，饭后马上要吃零食，对人也没有礼貌，老是沉浸在自己的世界里。

为了改掉孩子的这些坏习惯，每次见到孩子我都会对他严加管教。有几次我都忍不住对孩子的爷爷奶奶说不能太惯孩子。孩子心里也明白我和他爷爷奶奶的教育方式是不一样的。

如果把他从爷爷奶奶身边带走,头几天他总是状态不对,也不听话。但是和我相处几天后,很多毛病就能改过来,变得乖巧听话。不过再把他送回爷爷奶奶身边后,他又开始变得乖张跋扈。

有次我带着孩子出门,碰到小区里负责搞卫生的阿姨,我就说:"亮亮,快叫阿姨好。"

孩子却低头闷不吭声,弄得我特别尴尬。

等阿姨走了,我问孩子:"为什么不叫阿姨好?"

孩子说:"爷爷奶奶说了,穿黄衣服的都脏,让我离他们远点。"

我很生气地说:"你怎么能这样呢?太没礼貌了!"

我跟他讲了一会儿道理,以前我对孩子的教育不太重视,并没有耐心地和孩子讲过道理。我对孩子说:"每个靠自己劳动吃饭的人都是值得我们尊敬的,没有谁比谁更高贵,只是社会需要不同的分工。妈妈希望你能够学会尊重每个人,对清洁工阿姨也要如此。"

他却闷头不吭气。当我再数落他时,他竟然哭了,并冲我吼:"我不要你!我要爷爷奶奶!爷爷奶奶从来不说我!"

这个孩子实在太让我伤心了,我该拿他怎么办?

老一辈人和年轻人的养育方式确实有很大不同。当老一辈和爸爸妈妈同时养育孩子时,很容易就把孩子"带偏"。

养育一个孩子,需要爸爸妈妈具备足够的智慧。为了孩子的顺利成长,我的秘诀是练就5双眼睛。

肉眼看到现象——孩子的行为

当孩子出现成人所不能理解的问题时,首先我们要静下心来,去观察并记录他的行为。

冷静的爱：告诉孩子如何独立成长

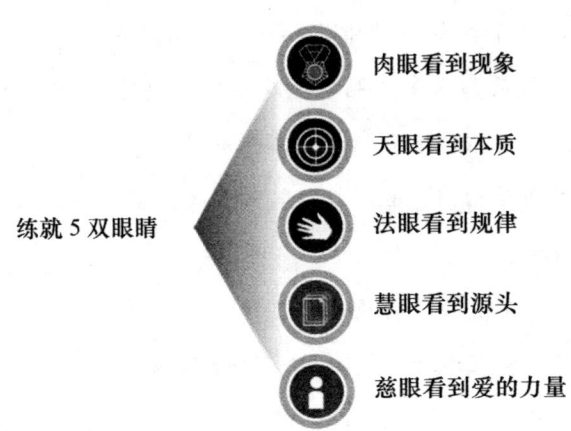

练就 5 双眼睛

肉眼往往只能看到孩子的行为及语言的表象。只有把他们的行为罗列下来，而后才能思考这些行为背后的本质。

比如当孩子和严厉的爸爸妈妈在一起时，他们就会表现得听话、乖巧；但是当孩子和溺爱他的爷爷奶奶在一起时，他们就会变得乖张、跋扈。因为爷爷奶奶长期给孩子制造的是宽松的环境，导致他们不能适应爸爸妈妈的规则，最终导致了爸爸妈妈和孩子之间的矛盾。

孩子在成长的过程中，会无意识地展现自己的优点，有的是记忆力惊人，有的是在游泳方面有天赋，有的是对音乐或舞蹈有特殊情感，等等，在这个过程中，父母不仅要学会观察、捕捉现象，还要做好记录，因为现象边发生，我们的大脑边储存，最后储存得很深以致很容易被忘记。我是鼓励家长写周记的（日记压力太大），坚持一年，相信你会有惊人的发现。

天眼看到本质——孩子行为和语言的本质

我们除了用肉眼看到孩子的行为，还需要有一双天眼，去发现孩子行为背后的本质。如果我们只停留在孩子的行为层面，常常会误解孩子，也

Chapter 7 爱的护卫

没有机会真正去接触孩子的内心。

我曾说过,世界上没有无理取闹的孩子,孩子都是讲理的,只是他们的理有时成人无法理解。"如果把他从爷爷奶奶身边带走,头几天他总是状态不对,也不听话。但是和我相处几天后,很多毛病就能改过来,变得乖巧听话。不过再把他送回爷爷奶奶身边后,他又开始变得乖张跋扈。"这种现象背后的本质是:每次把孩子从爷爷奶奶身边带走后的头几天,他的这种症状会尤为明显,这其实是孩子在适应新规则——他在努力从爷爷奶奶的规则体系里跳出来,转换到爸爸妈妈的行为体系中。

为什么孩子会哭闹?

为什么孩子会抗拒母亲的教育?

孩子其实都是守"规矩"的,跟着爸爸妈妈长大的孩子,会遵守爸爸妈妈给他建立的规矩和标准;跟着爷爷奶奶长大的孩子,会适应爷爷奶奶给他建立的规矩和标准。这种规矩和标准,是人类独有的"秩序感"。这种秩序感,不仅孩子需要,成人也需要。

比如孩子学习成绩不好,这是阶段性结果,是短暂的现象,我们要做的不是发脾气和指责孩子,而是静下心来思考其本质,那就是:成绩能反映出什么?成绩下降的原因有哪些?作为家长我们触碰了哪些?我们应该怎么做才能帮助孩子提升成绩?这些都是家长动用天眼后产生的思考。

我曾在重庆的一个家庭教育班认识了一位家长。这位孩子爸爸对我说,他的孩子有多动症已经很多年,而且目前到了非常严重的阶段。

当我第一次看到这个孩子时,我就知道他并不是真的有多动症。

他的多动症状,一方面,是为了配合大家看待他的眼光(很多孩子都是如此,你如何看待他,他就会表现出你认为的行为);另一方面,他的种种症状,其实是因为他内心有着强烈的不安,如果一个孩子在很小的时

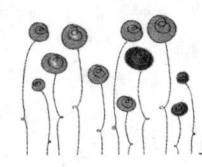

冷静的爱：告诉孩子如何独立成长

候没有获得足够的安全感，甚至受到过恐吓，那么就很容易表现出多动的症状。

这个孩子在成长的过程中，受到的是来自父亲的非常糟糕的教育。

在他小时候，他爸爸对他的教育方式就是恐吓和威胁，使得孩子在安全感还没有形成的阶段，就受到了很严重的心理伤害。

孩子的爸爸不仅对待孩子如此，对待孩子的妈妈也是这样，他常常会当着孩子的面大声地吼孩子的妈妈，导致他们很早就离婚了，现在孩子爸爸也没有给孩子找后妈。

这位爸爸虽然爱他的孩子，爱他的妻子，但是他不知道怎么去爱。他所秉持的，就是那种威严的极权教育。

所以这个孩子，从5岁开始就表现出了多动症的症状，爸爸带他去求医问药，找了很多著名的儿童多动症专家去治疗。现在七八年过去了，还是没有治好。

我对孩子爸爸说："多动症是从西方传过来的一种疾病的名称。它是否真的是一种病，到目前为止还没有得到完全确认。尤其你的孩子，看起来不是单纯的多动症，因此我个人认为不可以把它当作一种疾病去治疗。以前我遇到过很多有多动症孩子的家长，他们对孩子非常上心，但是治疗的方法无非是吃药和看管，有的家长甚至还会请保姆或者专员去专门看护孩子，甚至有的孩子在上课的时候，都有人坐在他旁边按住他的手不让他动。实际上，这对孩子的心理是一种巨大的伤害。而我的治疗方法恰恰和多动症的治疗方法相反，不需要药物，而是从心理上去治疗。"

首先，我们要从心理上解除孩子患了多动症这一认知，因为小孩都有一个好动的过程，我们不能因为看到了孩子的好动，就认定他患了多动症。

我给这个孩子家长的解决办法是，首先告诉孩子，你不是多动症，也

不需要吃药,爸爸相信你能不吃药就改善这个症状,让孩子从心里认为自己没有患多动症。然后,辅助心理辅导,帮孩子从内心建立安全感。

因为这个孩子之前被认为患了多动症,他每天都在吃药,这种药物有很大的依赖性,而且专家说这么吃下去,以后一辈子都不能停药,这种现象是让我们非常心痛的。

所以现在最重要的,是要对孩子说一个善意的谎言:告诉孩子,你不需要吃药,就能表现得很好。

但在第一个阶段,大概一周的时间,偷偷地给他吃药,不让他知道,比如把药融化在水里,他喝了就会表现得很安静。但是他并不知道自己在吃药,还以为是靠自己的力量停止了多动症的行为。

第二个阶段,慢慢地把这个药停掉。从一开始的1天2片,到1天1片,再到2天1片,最后一点儿药都不吃。

这样的结果是:他会不知不觉地把药戒掉。同时当药物逐渐减少时,他有时会表现得很安静,这时我们就夸奖他坚持得很好;当他因为没有药物,又表现出多动时,我们就告诉他:你可以的,你能靠自己的力量改变,你看前几天,也没有吃药,你表现得那么好,说明你可以的!

现在已经过去几个月了,这个孩子表现得非常好,七八年都没有治好的多动症症状,现在已经完全消失了。

为什么七八年没有治好的病,我们靠这样的方法却能治好?

我们不能轻易把孩子的多动症当作疾病来对待。我们要做的是完善孩子的心灵世界,而心灵,它是包含在精神世界当中的。

精神世界包含3个层面:心理、伦理和信仰。而我们要做的,就是帮助孩子建立强大的自我。上述治疗过程,就是帮助孩子建设他强大的内心,帮助他建设他的信仰,让他自己战胜自己。

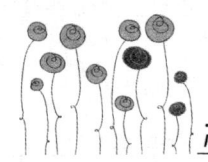

冷静的爱：告诉孩子如何独立成长

当我们的孩子出问题时，我们一定不能马上下结论：这个孩子"病"了。要通过他的"病"的症状，看到他病症、行为背后的本质。

法眼看到规律——是谁使孩子产生这种行为

孩子的行为往往都是有规律的，规律就是什么情况、什么时间，孩子会产生这种问题行为。通过分析孩子行为的规律，我们就能进一步掌握帮助他们的方法。

我认识一对父母，他们非常有钱，但他们的孩子却和一般娇生惯养的孩子很不一样——他们的孩子非常懂事，而且对待任何人都很有礼貌。

我就询问他们教育孩子的方法，他们告诉我，他们从小就让孩子养成尊重他人的习惯，孩子的事情也都是他自己做的。

虽然家里请了阿姨，但是这个孩子的房间阿姨是不用收拾的，孩子必须自己动手收拾。

对此他的爸爸妈妈这么向他解释："请阿姨，是因为爸爸妈妈工作很忙，没有办法兼顾家务。但是你没有工作，学习之外你也有自己的时间，所以你自己的事情要自己干。"

政治有政治的规律，商业有商业的规律，社会有社会的规律，教育有教育的规律，家庭有家庭的规律。当识别本质的能力达到一定程度时，作为家长就能顺其自然就孩子的不同问题在规律的基础上去教育孩子，建立起一套可以千变万化的规则体系，不仅不会让孩子走偏，还能让孩子成为幸福的人。

慧眼看到源头——凡事从源头出发，最后回到源头

这就是我们常常说的万变不离其宗。当我们对孩子的教育思考到达一定阶段的时候，你会发现，教育孩子和很多事情都是相通的。教育的源头是针对不同的心性给予不同的信息和方法，王凤仪老先生直接以"去除秉

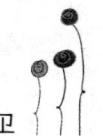

性,圆满天性"作为他的教育主张,王阳明先生也是任何学问"直指人心"。很多中国乃至世界优秀的家庭教育者都认为,对于孩子,养成好的行为习惯就能改变孩子的命运,帮助孩子拥有幸福的未来。

关于这一点,我的见地是,教育的源头要指向精神世界,而精神世界又分为心理、伦理和信仰。在这里暂时不多论。

慈眼看到爱的力量——爱的力量使孩子改变

作为父母,只有拥有一双慈眼,才能看到爱的力量对孩子的作用。教育是什么?是一棵树摇动另外一棵树,是一朵云触碰另一朵云,是一个生命推动另一个生命。

给孩子时间:允许孩子有改正和适应的时间,允许孩子有犯错的时间,给孩子时间让他去适应爸爸妈妈的规则体系,给孩子时间去建立属于他自己的道德体系和行为规则。在这段时间里,爸爸妈妈对孩子不要过于苛责,要冷静地观察孩子的行为,耐心地等待孩子的改变。

给孩子鼓励:当孩子有了进步时,要立刻看到孩子的努力,并且告诉孩子,你看到了他的努力,你为他感到高兴,为他感到骄傲。学会肯定孩子的付出。

给孩子选择权:在我们给孩子讲完道理后,最重要的是给他们选择权,让他们自己选择是改正还是不改正自己的行为,自己选择该如何建立规则。只有孩子自愿选择变好,而不是受人强迫,他们才会从本质上变好。

总之,真正的爱是会爱,并非敢爱和能爱,因为爱的标准是对方给的!爱看上去是改变了孩子或别人,实际上在会爱的过程中,也成就了新的自己。

练就这 5 双眼睛,我们可以把细心、智慧、耐心和爱心的力量发挥到极致。当爸爸妈妈有了这 5 双眼睛,等于孩子在成长路上有了护身符,因

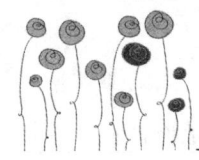

冷静的爱：告诉孩子如何独立成长

为没有什么力量，比智慧和爱的力量更强大。

妈妈的回信：孩子的改变

晚上，我和孩子一起看动画片。正好动画片里有个角色，要代替清洁工去扫大街。我对孩子说："亮亮，你看清洁工的工作辛苦不辛苦啊？"

他大声说："辛苦！"

我又说："亮亮，咱们小区和外面的马路干净吗？"

他想了想说："干净。"

我说："那你还记得去年跟妈妈回老家时的情境吗？老家干净吗？"

我的老家在农村，当然不干净了。孩子想了想说："老家不干净，都是土和垃圾，脏死了。"

我说："对啊，那你想想这是为什么呢？"

他琢磨了会儿，对我说："因为老家没有清洁工！"

我说："对啊，亮亮挺聪明啊。那你今天看到清洁工阿姨，为什么不和人家打招呼，还嫌人家脏呢？人家为什么脏呢，不也是为了把小区变干净才弄脏的？"

他支吾着："嗯……嗯……"显出很纠结的样子。

我再接再厉地说："而且，人家也不脏啊。人家穿的是工作服，为了工作才弄得不干净的。人家工作完毕换下工作服，比你还干净呢。"

他说："对，人家不脏！"

我说："那你说，我们下回看到清洁工阿姨该怎么办？"

他说："说谢谢阿姨！"

我说："这就对了，亮亮真懂事，自己能想明白。"

后来再见到清洁工阿姨，他果然都很有礼貌。之后针对和孩子爷爷奶奶教育方法不同导致的问题，我都会好好地和他说，并且给他权利，让他自己选择怎么做。

那天我把他送到爷爷奶奶家，爷爷奶奶又说起清洁工，孩子爷爷说："清洁工工作太脏呀。"

亮亮马上说："清洁工不脏！清洁工是为了工作才变脏的！人家平时不脏！"

孩子的爷爷奶奶都吃了一惊，不过他们都夸亮亮说得对。

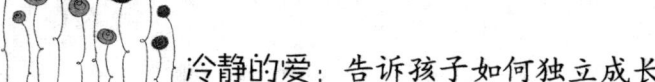
冷静的爱：告诉孩子如何独立成长

41. 孩子，让我们来建立规则和秩序

让孩子建立起规则和秩序，对其今后的成长有重要意义。那么，如何帮助孩子建立规则呢？其实非常简单：就是制定出明确的行为准则，及时对孩子的行为作出反应，该奖时就奖，要罚时必罚，对奖罚的原因要具体说明。

最早建立规则和秩序时，往往是通过和孩子讲道理的方式来完成的。

和孩子讲道理的秘诀

当我们在谈论"和孩子讲道理"的时候，我们在讲什么？

我们说的"讲道理"就是要给孩子讲清楚行为准则的原因：哪些事情为什么不能做，哪些事情为什么应该做，哪些事情为什么必须要做。

例如："今天你为什么要抢弟弟的玩具？你和弟弟一人一个，为什么还要拿弟弟的？弟弟的玩具比你的好，你想要，那你为什么不去询问弟弟，

自己是否可以借来玩一会儿？把别人的东西抢过来是不是坏孩子？你肯定不想做坏孩子吧？现在你应该立刻去向弟弟道歉。"

那么，我们要和孩子讲什么样的道理？

道理有很多，大到"父母者，人之本也"，"勿以恶小而为之，勿以善小而不为"，小到"吃饭前要洗手"，"接受别人的东西要说'谢谢'"，所有你觉得一个优秀的孩子应该懂的都可以作为道理讲给孩子听。至于什么样的孩子才能称为"优秀的孩子"，这个没有标准，不同父母的要求也不一样，所以，不同父母培养出来的孩子也就不一样。

讲道理的目的是帮助孩子建立行为规范，形成自控能力

刚刚会到处跑的孩子，其行为其实没有什么规律可循，此时他们还不会控制自己的行为，也没有道德观。应不应该拿别人的东西，该不该在公共场所大声吵闹，这些都需要父母去教育他，不断地去规范他的行为，让他逐渐建立自己的行为规范以及自我控制能力。

当然，暴力手段也可以产生令行禁止的作用，但这种做法只能治标不能治本，而且对孩子今后的成长有不良影响。所以将做事的道理讲清楚，才能让孩子明白自己应该如何去做，进而锻炼他的自我控制能力。当孩子的自我控制能力达到一定程度后，无论你是否看着他，他都会依照自己的行为规范去做事，知道什么事应该做，什么事不能做。

那么，家长应该如何帮助孩子建立他们的自主能力？

我们可以将孩子今后的个人能力比作上层建筑，那么上层建筑必须要有基础才可以建造出来。究竟什么是基础呢？在你幼年时期你的父母告诉你的做人道理就是基础。碰见事情我应该怎样做，遇到困难应该怎么面对，做错事了应该如何去改正，这些答案都来自于童年时期父母告诉你的道理。

不同的国家有不同的文化背景，但在教育孩子方面都有共同点，那就

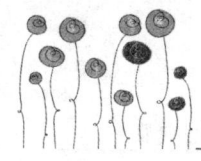

冷静的爱：告诉孩子如何独立成长

是在孩子小的时候就将处事道理告诉他，虽然不同文化背景下这些道理不尽相同，但是起到的作用都是一样的——当家长在孩子童年时就不断向其灌输各种处事道理，孩子在长大之后就会拥有很强的自立能力，不需要父母再为其操心。

帮助孩子建立规则和秩序有 **5** 个关键原则。

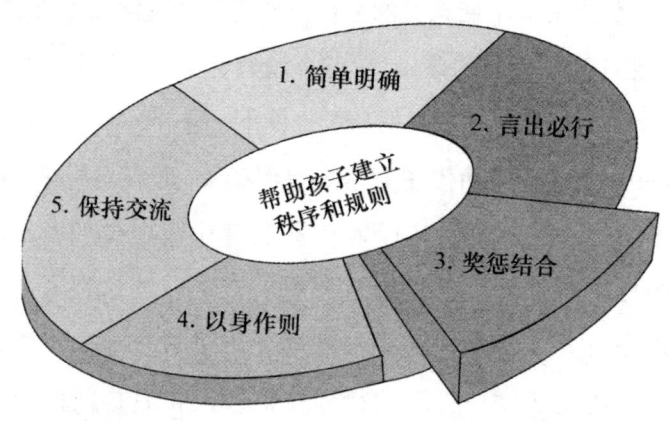

帮助孩子建立规则和秩序的 5 个关键原则

原则 1：简单明确

行为准则必须要简单明确，并且全部家庭成员都要共同执行这一套行为准则。

对孩子的行为要能够及时做出反应。当孩子触犯了行为准则或者有极佳的表现时应当立刻就做出反应，不要在事情发生了好几天之后再去惩罚孩子，或者为几星期以前的事情表扬孩子。这样做就错过了最好的时机，起不到应有的效果。

原则 2：言出必行

当父母跟孩子承诺一件事情时就必须去履行，否则会让孩子产生消极心理。比如你告诉孩子下次考试考 100 分就会得到一件玩具,而当孩子通过自己的努力真考了 100 分时你又不愿给孩子买玩具,孩子就会失去对父母的信任,今后对待考试就不会再努力、用心了,因为他感觉自己受到了欺骗。任何人受到欺骗的感觉都不会好,孩子也一样。

原则 3:奖惩结合

该奖时就奖,要罚时必罚:在孩子做出努力后应当表扬他,而在孩子犯了错误后应当对他进行惩罚。当然,如果使用暴力手段进行惩罚,那么反而会适得其反——孩子会因为惧怕从而通过说谎、躲起来等行为逃避惩罚。

对奖罚的原因要具体说明。当孩子受到奖励或者惩罚时要让他知道原因,孩子了解了具体原因就会在心中留下深刻印象,并强化心中的道德观。假如父母没有控制住自己,用暴力手段惩罚了孩子(虽然我对于这种方法是极力反对的,但这是常见行为),也要在之后让孩子明白原因,并且让孩子感觉到自己的爱。

通常精神刺激和物质刺激两种手段相结合会起到更好的效果。在孩子通过自己的努力完成一件事情之后获得了表扬并得到了物质奖励,那么他在内心当中就会告诉自己这么做是正确的,今后也应该这么做。当然,奖励和惩罚都要适当,我们的目的是为了引导孩子建立正确的行为规范和道德观念,而不是让孩子为了得到奖励或者逃避惩罚而做事。

原则 4:以身作则

道理可以讲给孩子听,但是家长必须以身作则才能够让孩子接受这些道理。如果你今天告诉孩子应该遵守交通规则,红灯停,绿灯行,而第二天你带着孩子出门遇见红灯就闯过去了,那么孩子就会产生疑惑:父母讲的道理是否应该听从?孩子因为年龄小,自我判断能力较弱,这时就需要

冷静的爱：告诉孩子如何独立成长

父母去引导孩子作出判断，但如果你说的道理自己反而去违背，那么就可能会使孩子认为这些道理是无需遵守的。

原则5：保持交流

父母和孩子间的沟通交流非常重要。一些父母在惩罚过孩子之后就不闻不问了，认为通过惩罚孩子就应该明白被惩罚的原因。实际上很多时候孩子并不十分理解自己为什么会受到惩罚，但通常孩子不会主动开口询问，那么就需要父母主动："你知道为什么爸爸妈妈要这么做吗？"父母要鼓励孩子多说话，了解他内心的想法，当孩子对于"道理"产生疑惑时，可以和他一起讨论，必要时父母可以适当地做出让步。随着孩子年龄的增长，沟通和交流就显得越发重要。

Chapter 7 爱的护卫

42. 让我们走向自强自立之路

著名女作家六六曾经在新浪微博上发过这样一条微博，引起了广泛的讨论："儿子要买一个乐高，价值499元。我拒绝了。他说你又不是没钱，为什么不给我买？我答，这世界上有钱的人多了去了，比尔·盖茨也有钱，你怎么不让他给你买？他说，他又不是我亲妈。我说，你就当我不是你亲妈好了。啥东西得到都不是应分的，张口就有，你以后还有什么奋斗目标和工作动力？留点念想，自己工作了买。"

作为功成名就的作家，六六肯定是有这个经济实力的。但是她仍然没有给孩子买乐高，并且说：啥东西得到都不是应分的，张口就有，你以后还有什么奋斗目标和工作动力？留点念想，自己工作了买。

在我看来，这是让孩子从小树立万事靠自己的责任心。这条微博在短时间内就在各大网站、论坛引起了广泛的讨论，有支持六六的，还有相当

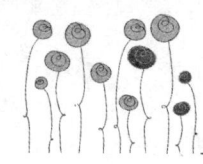

一部分是抨击六六的,说她"虚伪自私",认为孩子的要求就应该满足,不然长大以后再买就不是那个感觉了。

持有这种看法的家长有多少呢?孩子的要求就应该满足吗?那么孩子的责任心、引导孩子自己努力的心又从何培养呢?

家长是否一定要尽最大的努力帮助孩子实现童年的乐趣和兴趣?

首先,请回答一个问题:对于孩子童年的乐趣和兴趣,是不是家长一定要尽最大努力去帮助他实现?

在回答这个问题之前,我先讲一下我朋友的故事:在我的朋友很小的时候,她非常喜欢芭比娃娃,她对自己的几个娃娃都用心去爱,给她们穿衣服、做衣服、换衣服;让她们吃东西、睡觉。每天玩娃娃是她小时候最大的乐趣。每得到一个新娃娃之前,她都会非常地期待;得到一个新娃娃之后,她也会花很多时间去装扮,她对这个过程毫无厌倦。

有一天,她的妈妈带回一个非常大的包裹给她,原来她妈妈出差回来,给她买了6个芭比娃娃和十几身娃娃的衣服。

在那个年代,父母给孩子买一个芭比娃娃,都够孩子激动好久的了,何况是6个娃娃和十几身娃娃衣服呢?

朋友对我说:她至今还记得那些娃娃每个都长得不一样,她最喜欢一个金色卷发的;那些衣服非常漂亮,都是蓬蓬的、镶着亮片的公主裙。其中有一件蓝色礼服裙,下摆的蓬蓬最大,颜色最美,亮片最多。

一开始她摆弄这6个娃娃,不断地给她们换衣服、换裙子,睡觉的时候把她们藏在床下的玩具箱里。甚至大人睡着了,她还偷偷从箱子里把娃娃拿出来。

但是很快,也就十几天吧,她忽然就玩腻了。

Chapter 7 爱的护卫

之后就再也不玩娃娃了,不光是她妈妈新买的娃娃她不玩了,以前的旧娃娃她也不玩了。她忽然对娃娃失去了欲望和兴趣。她在很短的时间内"长大"了。

这个玩娃娃的乐趣,她也很早就失去了。

所以说,满足孩子的乐趣和兴趣,是父母应该做到的;但是尽最大努力,是不必要的。如果所有的愿望都被满足,那么孩子在接下来如何靠期盼和激励生活呢?

如果孩子有愿望,应该是父母帮助孩子"尽他自己的力量"去实现愿望。

在孩子想要某件东西之前,不管是给孩子买还是不买,都要和孩子沟通,告诉他买或不买的原因。比如说:

买了这个,我们这个月的生活费就要减少了;

买了这个,三个月内我们都买不起新的东西了;

买了这个,就没办法给你添置新的桌子了……

不管买不买,都要让孩子知道花钱的代价。

如果你不给孩子买,孩子就开始哭闹、摔打东西,甚至打父母——这其实是个好现象,说明家长之前对孩子财务上的教育是错误的,现在纠正还来得及。

如果孩子吵闹过后,坐在那里失望地思考,这正是他成长的时候。如果他之后都做得很好,那么家长可以满足一次他的愿望,在他付出努力和久久的期盼之后得到的东西,一定能带给他加倍的快乐。

Chapter 8

冷静的爱

在孩子面前，我们常常扮演着一个全知全能的角色。我们假装了解孩子，假装了解一个孩子的内心、过去，假装能够了解一个孩子的未来。

我们假装知道学什么对他最有价值，假装知道怎样做对他最有用，然后告诉他走哪条路对他最好……

人的一生那么漫长，世界的变化又是那么快，我们真的知道未来，在孩子生活的那个时间，什么才是对他最好的吗？我们真的知道哪条路才是最适合孩子、最能令他幸福的吗？

当然不是！我们只是出于恐惧，给孩子选择了最简单、最保险的路。

我们以爱的名义，去控制孩子走我们认为最安全（其实那只是最平庸的，未必安全）的路，我们在用爱挟持孩子。

让我们停止全知全能，并练习冷静地去爱。

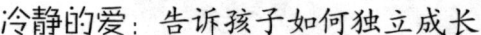
冷静的爱：告诉孩子如何独立成长

43. 孩子，成为你的人生导师并不容易

成为孩子的人生导师，是每个父母的愿望和追求。但是要成为孩子的人生导师，并不是那么容易的事情。

在孩子长大后，90%的父母都声称，他们在孩子的成长道路上给了孩子正确的指引，对孩子未来的发展规划给予了充分有效的意见。

但是这些父母的孩子们在接受调查时，有80%的孩子表示："并没有从爸爸妈妈那里，获得关于未来的任何有效指导。"

这一调查说明：当我们认为自己能够胜任孩子的人生导师这一角色时，只是在自作多情而已。这是多么可怕的事实！

什么样的父母才能称之为"人生导师型的父母"？

充分了解孩子，能够和孩子自由沟通；

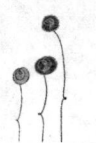

清楚地了解自己孩子的能力和兴趣、性格上的优点和缺点、与生俱来的长处和天赋;

了解现在的社会情况,也清楚地知道未来孩子所处的环境;

能够在最恰当的时间,给予孩子最需要的指导。

如何成为人生导师型的父母?

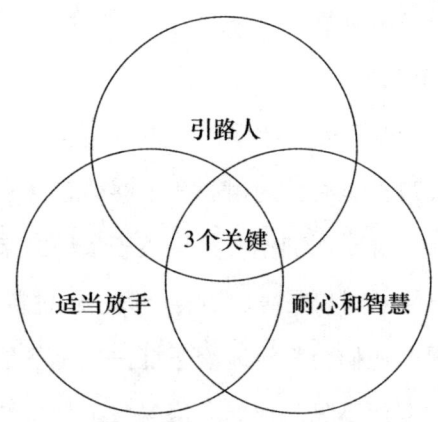

如何成为人生导师型的父母

关键词1:引路人

人生导师型的父母,是孩子成长道路上的引路人。

人生导师型的父母始终会保持学习、思考,并帮助孩子学会思考。

只有父母自己掌握了充分的信息,对环境和社会有了自己的思考,才能很好地指导孩子,而学习是达成这一目标的唯一途径。

人生导师型的父母善于通过提问,使孩子去思考自己的未来,去思考他们的人生选择,发现他们的人生意义。

他们会询问孩子这样的问题:"你的梦想是什么?假如你的梦想能够实现,能够给他人、给世界带来什么样的改变?"

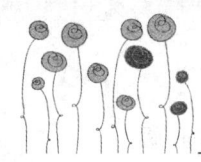

关键词 2：适当放手

即使人生导师型的父母了解一切，他们仍然会把最重要的决定权交还给孩子。

孩子才是真正能够决定他们自己人生的人。即使人生导师型的父母了解一切，但还是会充分尊重孩子的意见。

他们提供最关键的建议，努力为孩子发挥他们的特长创造最好的环境，但是他们不会左右孩子的决定。

关键词 3：耐心和智慧

人生导师型的父母既严厉又慈祥。

人生导师型的父母拥有充分的耐心和足够的智慧。他们会在孩子需要安慰的时候给予孩子最温暖的拥抱，给予孩子亲切的指导。同时，他们有自己的准则，有自己的原则和底线，不会让孩子越过雷池半步。

在孩子做错事时，他们会坚定地给予批评，而不是嫌麻烦或者觉得无所谓就对孩子的错误视而不见。他们会培养孩子判断是非对错的能力，并使孩子建立起自己的是非观。

Chapter 8　冷静的爱

44. 20年后，你面对的世界是什么样的？

2015年，一篇文章《讲给未来的主人翁——未来30年的职业世界会怎样？》在互联网上广为传播。

这是一篇关于未来是什么样的社会、未来需要什么样的职业人的探讨性文章。我想和爸爸妈妈们分享并讨论其中的一部分内容，在文章的一开始，作者说道：

现在我们的所有教育都希望孩子不要输在起跑线上，但是我要问的是，未来的世界是一个怎样的世界？各位有没有意识到，今天的小学生真正在人生的顶峰、最需要小学所教的能力，是什么时候？其实不是高考的时候，而是35岁的时候，这一辈子他在职业最顶峰的时候，最需要

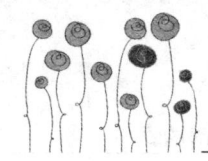

冷静的爱：告诉孩子如何独立成长

运用到一些从小到大学习的人际技能。所以今天所讲的人才，是要适应他 35 岁也就是 2040 年的社会，而不是适应 16～18 岁高考时候的人才。那么未来的世界是一个怎么样的世界？今天的孩子到那个时候在追求什么样的生活？有没有可能其实每一个小孩都没有输在起跑线上，而未来其实是一场游泳比赛呢？我们努力让他拼命往一个起跑线上奔跑，但是其实未来就不需要跑步，可能出现了一个全新的规则。

未来的社会是全新的规则

现在我们的孩子，未来他们竞争的时间是 2030 年、2040 年，那个时候的世界是什么样的？那个时候的规则又是什么样的？

我们的父母们，是否在用 2015 年、2020 年的教育方法去教育生活在未来世界，竞争在 2030 年、2040 年的孩子们？

未来的世界：从信息化到概念化

在《讲给未来的主人翁——未来 30 年的职业世界会怎样？》这篇文章中，作者提到未来职业环境的第一个特征就是从信息化转向概念化，掌握技能和知识的人将会被掌握理念并且能够高度提炼理念、发现规律的人才所取代。

当我们忙着让孩子考第一，让孩子成为学霸的时候，是否思考过未来的社会是否需要第一名和学霸？

现在去富士康的工厂看看：大量的机器人开始取代人工，这些机器人不需要休息，也不懂情感，更不需要别人给他们发工资。1000 个机器人可能会发挥出 10000 个人的劳动力，但是他们需要的只是相当于 10 个人的工资的资源和 1 个维修工。

在未来世界，大量的人工劳动会被机械化、智能化所取代，现在很吃

香的职业,比如银行柜员等,到了未来,可能会被机器人、被全自动化的流程所取代。

如果没有适应未来时代的技能,你的孩子很可能就会被淘汰。

未来的世界:竞争更为激烈的世界

不知道父母们是否意识到我们现在已经在浪潮之中。中国正经历建国以来第二次最大的转型。

第一次转型是改革开放,很多人下海经商,抓住机会的人们先富起来了,也有大量的工人下岗。改革开放,伴随的是铁饭碗不再是铁饭碗,所有人都被扔到一个大环境里去竞争。

第二次转型,就是我们所处的现在,这种转型并不单独发生在中国,全世界的趋势都是如此。我们在从工业型社会转型成服务型社会,所有的企业都被扔在同一个环境——互联网所连接的大地球村中去竞争。

制造业不再景气,但是新兴行业正在崛起。

这就是我们所面临的世界,到了 2030 年、2040 年,孩子们所面临的世界竞争会更为激烈。我们的孩子,必须是更能适应快速变化的环境的竞争型人才。

如果你还教孩子要一条道走到黑、要有毅力、要坚持自己的职业道路,也许是害了孩子。因为未来的世界,需要的是能够快速适应环境、快速调整的人才。

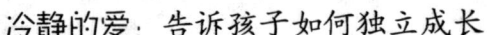

冷静的爱：告诉孩子如何独立成长

45. 孩子，未来需要什么样的你？

在过去，即"80后""90后"这一批人成长的年代，家长常常会让孩子选择医生、教师、银行柜员、建筑师等职业，那时候的家长觉得有份稳定工作、有个组织可作为归属是再好不过的。

到了"00后"成长的年代，我注意到更多家长开始让孩子选择金融、计算机、通信等职业，因为现在这些专业是最吃香的。

以现在——2015年来说，的确如此。但是当"00后"们长大了，未来世界最需要的还是计算机人才和金融人才吗？

很难说！那么孩子，在未来世界，20年、30年后的世界，需要的是什么样的你呢？

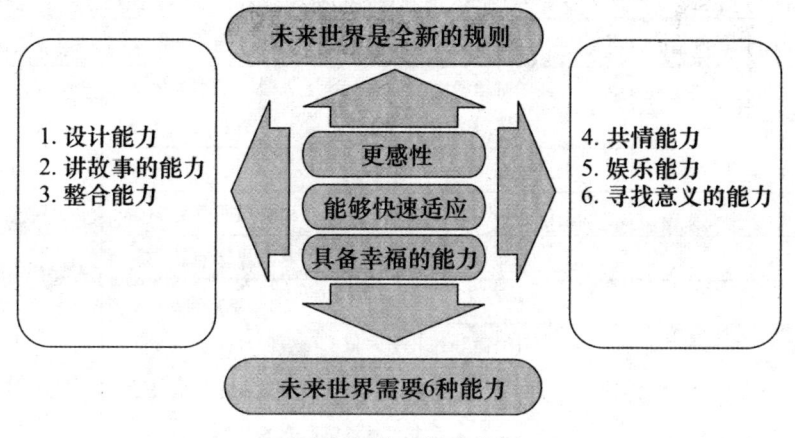

未来需要什么样的你？

孩子，未来需要更感性的你

著名的未来学家丹尼尔·平克把自己的未来学研究写成了一本书《全新思维》，其中的理论是：左脑主导理性和逻辑，右脑主导感性和创造，而未来需要的是更感性的人才，未来是"右脑"的世界。

一直以来，我们的教育都偏向于"左脑"型的教育——我们追求高分，追求机械化，追求逻辑，追求知识，过去我们常说"学好数理化，走遍天下都不怕"。后来我们发现，在这个世界上脱颖而出、呼风唤雨的人才，他们无一例外都是右脑型人才。

比如苹果曾经的CEO史蒂芬·乔布斯、通用汽车的领导者罗伯特·鲁兹、百度的李彦宏，他们都是杰出的典型的右脑型人才。

孩子，未来需要你具备这6种技能

丹尼尔·平克这样定义未来需要的技能：设计能力（要有品位）、讲故事的能力（要会讲故事且能够打动人）、整合能力（不仅有自己的专业，还要善于跨界）、共情能力（懂得理解和关怀他人）、娱乐能力（会玩乐）、寻找意义的能力（有自己精神上的追求）。

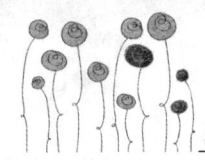

冷静的爱：告诉孩子如何独立成长

新华日报以"丹尼尔·平克：未来世界属于'高感性族群'"为标题，这样描写未来世界需要的6种关键能力：

一、不只有功能，还重设计

光是提供堪用的产品、服务、体验或生活形态，已经不够了。如今无论为赚钱或为成就感，都必须创作出好看、独特或令人感动的东西。

二、不只有论点，还说故事

现代人面对过量信息，一味据理力争是不够的。总有人会找到相反例证来反驳你的说法。想要说服别人、灌输信息，甚至说服自己，都必须具备编织故事的能力。

三、不只谈专业，还须整合

工业时代和信息时代需要专业和专才，但随着白领工作或被外包出去，或被软件取代，与专业相反的才能也开始受到重视：也就是化零为整的整合能力。今日社会最需要的不是分析而是综合——综观大趋势、跨越藩篱、结合独立元素成为新好产品的能力。

四、不只讲逻辑，还给关怀

逻辑思考是人类专属能力之一。不过在一个信息爆炸、分析工具日新月异的世界里，光靠逻辑是不行的。想在未来继续生存，必须了解他人的喜好需求、建立关系，并展现同理心。

五、不只能正经，还会玩乐

太多证据显示，多笑、保持愉悦心情、玩游戏和幽默感，对健康与工作都有极大好处。当然，该严肃的时候要严肃，不过太过正经对事业不见得有益，对健康更有害。在感性时代，无论工作还是居家，都需要玩乐。

六、不只顾赚钱，还重意义

我们生活在一个物质极为充裕的世界。无数人因此挣脱了营生桎梏,得以追求更深层的渴望:生命目的、处世意义,以及性灵满足。

注意,这6种能力都不是机械所能办到的,即使未来机器人统治了世界,这些能力也是机器人、电脑永远无法做到的。

这是人类的感性能力,是人类把理性和感性结合、把逻辑和情感升华的能力。家长们,你是否注重培养孩子的这6种能力?

我想看到这里,很多家长的冷汗该下来了吧。太久以来,我们重视逻辑甚于感性,我们重视成绩甚于意义,我们重视严肃甚于娱乐,我们重视学习甚于创造……

我们培养的,是适应过去、适应现在,却不适应未来的孩子!

孩子,未来需要能够快速适应的你

未来的世界竞争远比现在要激烈,只有能够快速适应和改变的人才才能适应未来世界。所以从现在开始,你就要培养孩子的适应能力,孩子的适应能力越好,未来就越具备成功的可能性。

孩子,未来需要具备幸福能力的你

在未来世界,孩子们将代替我们追求自我实现、追求幸福。

我现在的幸福感很强,并不是因为我有多少钱、我的事业有多成功、有多少人花钱上我的课程——并不是如此,我们做的全国巡讲是公益的,公益就是公益,我没有从里面拿一分钱。

而我的一些需要付费的讲座和课程,是为了养活我的团队。没有团队,我就不可能继续我们的公益事业,也没可能站在更多的家长面前。

正在看这本书的父母们,我想年龄主要以少量的70后、大量的80后、数量正在慢慢增长的90后为主。

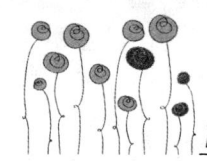 冷静的爱：告诉孩子如何独立成长

70后应该稍好些，因为赶上了买房和立业的好时机。对80后和90后来说，压力是最大的，尤其是80后，买房的压力重重地压在他们身上，同时又要和70后一起在职场中竞争。我们的幸福感，就在房子、金钱、追求安全感的过程中被忽视了。

但是未来的世界，我们的孩子会追求些什么呢？

我想，他们会真正地代替我们，追求自我实现，追求他们本身的价值，追求幸福。所以，父母应该着重培养孩子幸福的能力。

让孩子找到能够发挥其优势和特长的领域，即使不能够成为别人眼中出类拔萃的、最成功的人，也要靠他自己的能力做到最好，靠他自己的能力获得幸福。

所以，亲爱的父母们，你们觉得自己的教育还适合未来孩子们所处的年代吗？

你们教育出了能够适应未来时代需要的孩子吗？

你们的教育是否能够满足未来世界的需求呢？

从现在开始改变，一切都还来得及。

46. 孩子,让我们建立起崇高的生命取向

父母能够给孩子的最珍贵的礼物,就是帮助他们找到并追寻自己的人生目标。年轻一代常常提到的词是:压抑、迷茫、没有未来……

这些都是因为他们在童年和少年时代,没有树立一个正确的、值得为之奋斗的目标。尤其在刚刚踏入社会时,缺乏人生目标,会使孩子的人生平添许多挫折和烦恼。

帮助孩子寻找人生目标,同时也是给予孩子走向成功人生的宝贵动力。

来,让我们创造一个激动人心的目标吧

孩子越早确立自己的人生目标,就能越早找到他们人生的方向。

目标实现的过程,才是最为激动人心的,孩子的价值感也会由此体现。

我们常常怀疑,人生到底有没有找到幸福的捷径?答案是有的。

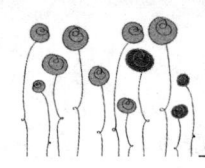

通往幸福的捷径是，让孩子做其真正喜欢的事情，做他们认为伟大的事情，做他们所爱的工作。

如果孩子还没有找到他们喜欢的事情，那么就帮助、鼓励他们继续寻找，不要停止。随着时间的推移，我们总能找到使孩子感到幸福、并愿意为之奋斗的目标。

我们要区分使命感和成功欲望

使命感包含了很多内容：我们能够创造的价值、我们的目标能够给他人的生活带来的转变、想要世界变得更加美好的意志、想要创造新的事物……

孩子，我希望你能为了使命感，而不是成功的欲望而奋斗。因为使命感能够带给你真正的满足感，能够让你真正看清楚自己的价值。

每个人都是带着使命来到这个世界的

每个人在这个世界上都有要完成的使命，如果你在离开这个世界之前，能够完成自己的使命，那这一生你肯定会过得非常完满和开心。

所以，在孩子的童年和少年阶段，就要帮助他们认真地思考自己的使命。使命带给孩子的是向前奔跑的动力，是遥望前方的决心。

在帮助孩子寻找激动人心的使命时，父母要问孩子以下问题：

你的使命能够给什么样的人带来价值和快乐、给世界带来什么样的改变？

你的使命能够使你快乐吗？

你的使命的具体目标是什么？

帮助孩子一步步地靠近他们的使命，达到他们的目标

使命是一生的追求,但是具体的行动要从眼前开始。如果孩子想要成为"治病救人的医生",那么现在就可以开始做他力所能及的事情。

比如,用一年的时间去学习日常的医学小常识;用3个月的时间去学习急救知识;用一个月的时间学习包扎手法……这些有趣的学习不会太难,不仅适应孩子的年龄阶段,还能够帮助孩子一点一点地接近自己的目标。

制订目标时要简单、明确、符合孩子的能力,既是孩子可以完成的目标,同时目标又要有具体的期限。

在推进目标时,要用数据和进度图去记录和规划孩子的成就,采取可视化、可衡量的方式帮助孩子达到自己的目标。

每个月、每一周、每一天都要看到具体的成果,每当孩子完成一点儿成就时,家长都要给予及时的肯定。

 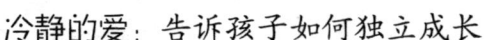
冷静的爱：告诉孩子如何独立成长

47. 孩子，我们希望你养成受益终生的好习惯

人是一系列习惯的组合体，有一位教育家说："养成一个好习惯，就相当于拥有一种陪伴你终生的资产，并且这种资产会不断地给你利息，它不会流失，让你终身享受。"

孩子的好习惯，其实是给他的终身资产。我们要帮助孩子获得这种资产，家长必须要有一只无形的手，放到孩子的心里，去感受他的感受，并且要持之以恒、刚柔并济地调整自己的行为。

第一位的好习惯：自己的事情自己做

排在孩子的好习惯第一位的就是"自己的事情自己做"。

其实"自己的事情自己做"的背后，包含了孩子的很多习惯，涉及孩子成长的方方面面，是孩子形成自理能力的开始，往远了说，也是孩子学

会自立的开始。

让孩子体验这句话实在太重要了，"自己的事情自己做"也意味着孩子需要在思想上学会负责任，有担当，有独立意识。

例如，一个孩子一岁多两岁之前，就可以学着自己拿勺吃饭，而不是一直让大人喂和哄。即使他一开始吃得不顺利，家长也应该让孩子自己来。

3岁的孩子可以试着自己穿衣服，4岁的孩子在大人的看护下可以学会自己洗澡，5岁的孩子可以在大人的帮助下自己洗头，甚至可以简单地洗一洗自己的袜子、内衣。

小孩子的意志力比较薄弱，可能他有时会乖乖地自己的事情自己做，有时却要求家长帮他做。比如一个孩子学会了自己盛饭，可能他坚持了几天之后，又会要求大人给他盛饭。

这时家长可以耐心地跟他沟通。有时孩子在习惯养成的初期会忘记做什么，这时家长需要包容他，帮助他重新认识自己的行为。

要让孩子养成好习惯，家长首先要养成"帮助孩子养成好习惯"的习惯。这不是一次性的行为，每个孩子的好习惯背后，都包含了家长无数次的努力。

最稳固的习惯是他学习身边的人的习惯

孩子是最好的学习者，他们会从各个方面去学习和吸收各种知识，其中也包括身边的人的行为。如果大人有很多好习惯，那么孩子也很容易养成好习惯。

因为最稳固的好习惯往往不是大人要求孩子养成的，而是孩子通过观察学习身边的人的行为，通过模仿和思考形成的习惯。

好习惯养成的两个诀窍：欣然接受和理所当然

欣然接受，就是孩子发自内心地愿意去做，在做这件事的时候没有痛苦的感觉。所以大人在帮助孩子养成好习惯的时候，一定注意不要引起孩子的负面情绪。

比如说,要帮助孩子养成随手关门的习惯,首先要和孩子约定:你需要做的是随手关门,也许有时你会忘记,忘记没关系,由爸爸妈妈提醒你来完成。

在这样的约定之后,我们会发现,头一两次孩子会记得关门,但是次数多了他会忘记,会出现"偶尔关门、偶尔不关门"的情况。

当孩子忘记关门时,千万不能对着孩子喊:"××,回来给我关门,你又忘了吗?"(可惜的是大多数家长都是这么做的)。这种喊叫会让孩子感到恼火,在孩子的脑海中,关门这件事就会和恼火联系起来,对好习惯的养成毫无益处。

这时家长应该怎么和孩子沟通呢?

我们来模拟一下对话:

"詹惠元,来一下。"

这个时候孩子会产生好奇心:妈妈有什么事呢?于是走到妈妈面前。

妈妈放下手里的事情,眼睛往门上一看,头也歪向门:"妈妈说了会提醒你的,妈妈说到做到了。"孩子这时往往会感到有点心虚,然后跑过去把门关上了。

这种提醒既能让孩子把门关上,也不会让他因此产生负面情绪。

孩子行为的养成,往往需要大人一而再、再而三地去督促,父母千万不能不耐烦,要想尽办法督促他,并且不要让好习惯和负面情绪联系在一起。

养成好习惯的第二个诀窍就是理所当然:让孩子自己认为,此时这个行为是应该去做的。

如果孩子不知道做一件事是为什么,他就不会愿意去做。

如果孩子不觉得一件事是有必要的,他就不会记得去做。

这是家长帮助孩子养成习惯之前必须了解的。有的家长觉得养成好习惯很简单,就是不断地提醒和叮咛孩子。

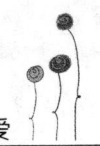

当孩子忘记关门时,有的家长就会大声说:"随手关门!"温柔一点儿的家长就会说:"是谁尾巴那么长啊?不随手关门!"

当你这么说了,孩子肯定会听话地去关门,但这只是一次性的行为,你会发现下回他还是需要你提醒。

为什么?因为少了一个"解释"的动作——我们在使孩子养成好习惯之前,首先要让他知道为什么要养成这个习惯。

正如我说过无数次的,要把孩子当作一个独立的人去看待,要关注和尊重他的内心世界,养成习惯也需要他从内心世界去认可,让他认为这个习惯是应该养成的。

当孩子忘记关门时,我们可以这样模拟对话:

"宝贝,我记得妈妈告诉过你一件很重要的事,当你进出门的时候,应该随手关门,对吧?"

"可是妈妈如果我忘记关门该怎么办呢?"

"妈妈会提醒你。"

"可是如果我有急事呢?"

"不管有什么重要的事,都必须关门,关门并不会花费你很多的时间。"

"屋里有人我也要随手关门吗?"

"是啊。"

"为什么呢,妈妈?"

"因为如果我们让门开着,就是对里面的人不礼貌,会让他们感到不舒服,明白吗?"

"明白了。"

"我们不希望让别人不舒服,所以我们要养成这个习惯,对吧?我们是不给别人添麻烦的人,是不是?"

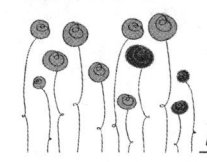

冷静的爱：告诉孩子如何独立成长

"是的，我要随手关门。不过妈妈，如果我马上就要出去呢？"

"那也还是要关门，如果是马上要出去，你随手轻轻关一下门用不了一秒钟，OK？"

"那我试一下吧，妈妈，如果我忘记了你要提醒我啊。"

好了，这样对话下来，孩子就会知道为什么要随手关门。但是别着急，知道和做到以及养成习惯之间，还是需要一些时间的。

帮助孩子养成好习惯，就要不放弃每块阵地

在帮助孩子养成好习惯的过程中，家长常常会有心软的时候。

比如说，孩子基本上已经能够自主地随手关门。但是有一天，孩子出去玩，走出去10米，忽然想起来还没关门。

这时他犹豫地回头，在考虑要不要回去关门。他知道应该回去，但是又迫不及待地想出去玩，这时他就停在了那里。其实他是在等待。

等待什么？等待爸爸妈妈提醒他去完成这一行为。

这时也许爸爸妈妈已经发现孩子出去了，还没走远，并且没关门，要不要把孩子叫回来呢？

有的家长就会心软：算了，不叫他了。这个可爱的小家伙这段时间已经做得很好了，这次先放过他吧。反正以前已经养成这个习惯了，偶尔疏忽一次在所难免。

这时孩子在外面等了一会儿，没有等到爸爸妈妈叫他回去。对于孩子来说，这就等于最后的裁决，代表着：你可以不用每次都随手关门。

这次不叫他改正，其实是爸爸妈妈放弃了自己的阵地。下一次，孩子再想出去玩，他又忘记了，很可能本来已经养成的好习惯，就这么被毁掉了。

所以说，家长们，帮助孩子养成好习惯，就不要放弃每块阵地。

让孩子在大自然中成长

建立孩子和大自然之间的联系。

在我的教育课程中,我非常重视的一个内容,就是孩子和大自然之间的联系。孩子自有性灵,只有在大自然中它才能发育和成长。

在和大自然的交流之中,孩子的精神力量会得到成长,他能够从大自然那里获得一种宁静的力量。

作为家长,与其不断地和孩子喋喋不休,企图用我们的言语去锻炼孩子的精神力,不如把这项任务交给大自然。

父母能够充当的,是大自然和孩子之间偶尔的翻译者。在孩子需要的时候,我们告诉孩子大自然在说什么,告诉孩子天空为什么这样蓝,水为什么这样绿,告诉孩子大自然的小动物都是如何生存的。

剩余的时间,让孩子自己去思考,自己去体悟,让孩子能够在大自然之中自由地驰骋。很多时候,家长不需要多言,孩子自己会在泥土和天空之美中,吸取他们能够获取的信息!

一位非常明智的母亲说,如果天气允许,我保证我的孩子每一天都会有适当的户外活动,冬天,每天在户外一个小时;夏天,每天在户外两个小时。

用《弟子规》帮助孩子养成好习惯

《弟子规》里的好习惯包括:

1.珍惜时间的习惯:朝起早,夜眠迟;老易至,惜此时。

【解释】早上要早起,晚上不要睡太早;因为时间匆匆而去,人生易老,所以要珍惜现在的时光。

2.卫生习惯:晨必盥,兼漱口;便溺回,辄净手。

【解释】早晨起床,务必洗脸、刷牙、漱口;大小便之后,要把手洗干净。

3.仪表习惯:冠必正,纽必结;袜与履,俱紧切。

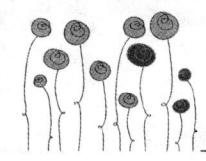

冷静的爱：告诉孩子如何独立成长

【解释】穿衣服要整齐洁净，衣服的扣子要扣好；袜子和鞋子都要穿好、系好。

4.内务习惯：置冠服，有定位；勿乱顿，致污秽。

【解释】放置衣服时，衣服应该有它的固定位置，而不是乱放；衣服不能乱放，乱放会使家里变得脏乱。

5.勤俭的习惯：衣贵洁，不贵华；上循份，下称家。

【解释】穿衣重要的是整洁，而不是华丽昂贵；穿的衣服要符合自己的身份，也要根据家庭情况量力而行。

6.正确的饮食习惯：对饮食，勿拣择；食适可，勿过则。

【解释】对待事物，不要挑食；吃的东西要适量，过分奢侈和过多都是不好的。

7.不喝酒的习惯：年方少，勿饮酒；饮酒醉，最为丑。

【解释】小的时候不要喝酒；喝醉了的丑态是很难看的。

8.站和坐的习惯：勿践阈，勿跛倚；勿箕踞，勿摇髀。

【解释】不能踩在门槛上，站立不能歪斜；坐下时不可以伸出两腿，也不能抖腿。

9.进出的习惯：缓揭帘，勿有声；宽转弯，勿触棱。

【解释】进出房间时，无论是掀帘子还是开关门，动作都要轻柔不能发出声音；走路转弯，要绕大一点儿，这样就不会撞到物品的棱角了。

10.拿东西和独处的习惯：执虚器，如执盈；入虚室，如有人。

【解释】拿空器具的时候，要像拿着装满了物品的器具一样端正小心；进入没有人的屋子，要像屋子里有人那样，不能过于随便。

11.冷静沉着的习惯：事勿忙，忙多错；勿畏难，勿轻略。

【解释】做事的时候，即使再紧急，也不要慌慌张张，忙往往会导致错误；不要畏惧困难，也不要轻率做事。

12. 自制的习惯：斗闹场，绝勿近；邪僻事，绝勿问。

【解释】打斗、赌博、色情、游戏厅等喧闹不良的场所，绝对不去；对于邪僻怪事，也不会因为好奇而多问。

13. 礼貌进出的习惯：将入门，问孰存；将上堂，声必扬。

【解释】将要进门，要先问："有人在吗？"进入一个场所之前，要先提高声音，让里面的人知道有人来了。

14. 回答问话的习惯：人问谁，对以名；吾与我，不分明。

【解释】如果别人问："是谁呀？"应该回答自己的名字；如果回答"是我"，别人其实是无法分辨是谁的。

15. 征得别人同意再取物的习惯：用人物，须明求；倘不问，即为偷。

【解释】想用别人的物品，要先明明白白向别人征得同意；不问自取，就是偷窃行为。

16. 有借有还的习惯：借人物，及时还；后有急，借不难。

【解释】借了别人的物品，要及时归还；以后如果再有急用，别人才会借给你。

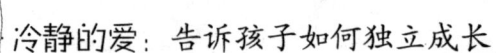

冷静的爱：告诉孩子如何独立成长

48. 孩子，我们理智地谈谈性

性的意义非常广泛。提起性，人们通常会联想到性行为、性格、性别等，除了这些之外，它还存在于每个人的日常举止之中，如穿衣打扮，遇事待人……一个人从出生一直到死亡，整个过程都有"性"贯穿其中。

第一阶段：18个月～3岁

目标1：认识性器官

孩子在18个月～3岁这段时间，会逐渐认识到自己身体上的各个器官的名字以及简单的功能，性器官也在此列。孩子对于性器官的称呼通常充满孩子特色的语言，而不是器官本身正确的名称。产生这种情况的原因是因为很多父母在孩子面前会使用这些名称（比如"小鸡鸡"）。

父母通常会如何教自己的孩子认识身体器官呢？"眼睛在哪儿？摸摸看。嘴巴在哪儿？指一下。脚在哪儿？伸出来让我看看。"相信类似这种

游戏的方法很多父母都使用过。但我们仔细回顾一下就会发现一个问题，通常父母们都会漏掉一个器官，那就是性器官。这种选择性的无视会让孩子产生什么样的看法呢？性器官不是好器官，它和其他器官不一样，不是正规器官。

这种情况还不是最糟的。成年人一般从不在孩子面前提及性器官，但是当因为某种原因成年人对孩子提及性器官时，语气通常会变得和平时不一样，这种语气上的变化也会让孩子产生错误的理解——性器官确实和其他器官不一样，我们不应该提起它。

虽然我们并不是刻意这么做的，但是我们对性器官的这种态度确实会让孩子对其产生错误的看法。

所以，我们应该正视性器官，它只是人的身体的一部分，应该使用正确的词语去称呼它，避免让孩子对这个器官有所误解。我们最终的目的就是要让孩子正确看待有关性方面的问题，避免将其妖魔化。

向孩子教授性器官的正确名称还有另一个原因：根据研究，如果一个孩子知道性器官的正确叫法，那么当他碰到了性侵犯，他就很可能会告诉大人这件事；而如果孩子并不知道性器官的正确名称，那么碰到性侵犯之后告诉其他人的可能性就较低。而在关于性侵犯犯罪的调查过程中，孩子使用正确名称向警察讲述事件过程有助于案件的调查侦破。如果孩子受到了性侵犯，却不能够使用正确词语向其他人表述这件事情，那么他就不能够正确看待这件事情，也难以走出受伤的阴影。

目标2：认识性别

这个时期的孩子已经知道了性别的区分，并且知道自己属于哪个性别，但对于自己今后是否一直都是这个性别并不明了。孩子在这个阶段会经常问一些在成人看起来十分奇怪的问题，比如："××为什么没有小鸡鸡呢？"

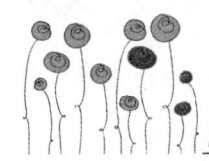

冷静的爱：告诉孩子如何独立成长

孩子对于不同的排尿姿势也十分好奇，女孩子有可能会想试试站着尿尿。

有一部分女孩子会认为自己和男孩子相比缺少某样东西。这时要让女孩子明白，她们并不是缺少某样东西，只是因为性别不同而产生的差异，她一样有自己的性器官。

目标3：认识性别角色

在孩子长到3岁之后，会开始有意识地注意周围人的性别，区分不同性别的人，并且根据自己的性别约束自己的行为。如果我们想让自己的孩子今后持两性平等的观念，那么这时我们就应该让自己的言行符合这一点。

目标4：学会保护自己的身体

当年龄到3岁时，孩子就应该明白自己的身体不应该让其他人随意接触，自己有权利拒绝他人想要触碰自己身体的要求。

第二阶段：3～5岁的性成长

目标1：使孩子了解自己的来源

当孩子到3～5岁之间时，他们对自己身体的认识会逐渐提高，控制自己身体的能力也得到增强。他们对周围的事物充满了好奇，其中也包括自己和其他人的身体。大多数孩子这时候喜欢和父母一起睡，爱看成年人穿衣打扮，也对自己的性器官充满了好奇。

孩子的这些行为都是符合其年龄特征的。但这并不意味着家长可以对孩子的这些行为放任不管。家长应该告诉孩子什么叫隐私，什么是不文明的举止。

"我是从哪里来的？"这个问题绝大多数家长都被孩子问过。

孩子既然已经对自己的来源充满好奇，那么父母就应该正确诚实地回答这个问题，答案要简明扼要，使用正确的叙述词语。在回答之前先要了

解孩子对这方面的内容知道了多少,然后给他们一个精简正确的答案。比如:"你是爸爸妈妈生出来的。"

如果孩子想进一步了解更多,父母可以进一步进行解释。很多父母认为孩子的这个问题很难回答,所以就随意编一个答案,但事实上这个答案对孩子来说是非常重要的。有相当比例的孩子得到的答案是捡回来的,以至于这些孩子在童年时期一直认为自己是被亲生父母扔掉的,这将对孩子的心理产生巨大的影响。如果你曾经对孩子这么说过,那么也不要紧,现在向孩子承认自己当时的错误,然后将事实告诉他们就可以了。

除了关于"孩子从哪里来"这样的问题,其他关于怀孕、生产的问题也可以这样回答。

在这里需要再强调一遍,对于孩子的这些问题,家长要简明扼要地进行回答。孩子对于事情的理解是非常简单的,如果对孩子的回答使用比喻的修辞,很可能就会误导孩子。很多孩子童年时以为自己妈妈的肚子里有一棵树,因为有人对他们说,妈妈肚子里有一个爸爸放进去的树种子在生长,最后就生出了孩子。

第三阶段:6~9岁的性成长

目标:了解性是怎么回事

在这个年龄阶段的孩子,其智力增长非常快,开始对性行为、怀孕、生育等事情有了真正的理解。

孩子们在这个年龄段首先会开始关注自己的身体是否正常。之后就开始关注那些和大部分人不太一样的人,比如身体有残疾的人、双胞胎或长相奇特的人。对于性别的区分在这个阶段他们会更加注意。

孩子在这个时候对于性别是平等看待的。

这个年龄段的孩子很容易受到周围同伴的影响,比如同伴们的穿着、说话的方式。这个年龄的男孩子对于自己的穿着是否符合自己的性别特征要比女孩更为重视。

第四阶段：9～14岁的性成长

目标1：了解他们的发育状况

孩子在青春期总会受到身体发育问题的困扰，如果周围所有人都同一时间进入青春期，那么肯定会减少很多困扰。处于这一阶段的孩子碰到的第一件令其倍感困扰的事情就是同龄人的身体发育区别。青春期的孩子身体发育迅速，但进入的时间每个个体不尽相同，所以就会造成这种身体差异。这种与众不同会让一些孩子产生"我是不是有什么问题？"的困扰。如果你是全班第一个胸部快速发育的女生，你可能会感到很尴尬。相反，如果你是全班最后一个发育的，这种感觉也不会很好受。而作为一个男孩子，比周围同龄人过早地长胡须，也会让人苦恼不已。青春期还会碰到长青春痘、身上体味较重等问题，家长了解了这些，就能够理解孩子在青春期时感觉非常难熬的原因了。

目标2：缓解他们的紧张和忧虑

自我敏感、以自我为中心是青春期孩子的特征。他们对于处于不断变化的身体、心理正在努力去适应，对于情绪上的变化他们在努力控制，对于自己在这个社会中的定位他们也在努力寻找。

青春期的孩子自尊心非常强烈，同时又非常脆弱，他们努力向周围的人证明自己的价值，这种愿意努力去证明自己的想法是好的，可惜大多数时候他们都选错了方法。比如他们想通过寻找男女朋友来证明自己，而一旦在寻找男女朋友的过程中遭到拒绝，就会对他们的自尊心造成巨大打击。

有的孩子害怕周围陌生的环境和人群，为了保护自己选择了社交退缩，但绝大多数孩子都希望自己能够快速融入周围群体。孩子们非常害怕成为

"异类"而被孤立,所以很容易受到周围人群的教唆。因此,父母要让孩子学会自己去思考问题,而不是一味地听从他人。

成年人都知道青春期只是人成长过程中的某一段时间,但身处青春期的孩子可能不会这么认为。他们可能会对自己的身体发育感到无所适从,又担心自己的这些变化会不利于自己的未来。我们可以试着想象一下,当一个男孩子发现自己的胸部居然有发育的迹象,这必然会引起他的担心。实际上,超过一半处于青春期的男孩子都会有胸部发育的现象,不用紧张,这是正常的,通常这种发育在一年后就会停下来。但如果没有人告诉他这种发育是正常的,那他很可能就会因为这个原因而产生心理疾病。

所以,父母应该让孩子在进入青春期之前明白同龄人个体间有所差异是正常的,而且青春期是有时间限制的,并不会一直持续下去,对于青春期中遇到的问题和不解随着时间都会消除,没有必要被这些问题所困扰。

大部分孩子在青春期时都会对自己的身体发育感到不满,比如男孩子会担心自己的生殖器发育不正常,而女孩子会担心自己的胸部发育太快。

让孩子明白同龄人之间有所区别是很正常的,这点非常重要。没有两个人是完全一样的,即使是双胞胎也不可能完全一样。

青春期的孩子需要知道每个人的身体都有自己的基本体型,虽然通过控制饮食或者运动等方法能改变基本体型,但是想要达到心理上的完美体型是非常困难的,所以,我们没有必要要求自己必须成为某种体型。

在青春期的几年时间中,一些童年时期建立起来的友谊会发生变化,也许曾经旧日的伙伴会突然拒绝和你在一起。孩子在此时选择自己的伙伴通常以发育程度和身材作为标准。对男孩子来说,这样的选择方式非常残酷,因为通常女孩子进入青春期要早于男孩子。假如一个男孩在童年时期和一个女孩是好朋友,在女孩进入青春期后,其生理和心理都会产生变化,

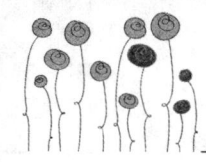

对于曾经的好朋友的态度也会发生变化,也许就不愿意和这个还是小孩子的男孩做朋友了。女孩有自己选择朋友的权利,我们没有权利干涉,但是我们可以教女孩使用较好的方式结束这段友谊。

一些发育较为成熟的女孩此时可能会对和异性约会产生兴趣。因为男孩子的青春期晚于女孩子,所以她们通常喜欢选择年龄较大的男孩子。因此,孩子们需要对约会相关的事情进行学习和了解,明白约会究竟是为什么,有什么事情是需要注意的。

当男孩子到了青春期也会对和异性约会产生兴趣,但他们不会直接表现出自己的想法。男孩子会通过一些很奇怪的方式去吸引女孩子的注意力,比如同女孩子打闹或者争吵。

这个年龄段的孩子较之父母的意见,他们更愿意听取周围朋友们的建议,以此来获得自己认为的独立性和认同感。

对于孩子在青春期更愿意和周围同伴在一起的行为,作为家长不应该反对,但是我们必须要告诉孩子应该学会独立思考问题,不要盲从他人的意见。

目标3:了解他们的生理欲望

自慰行为在这个年龄段非常普遍,有的孩子会被自慰之后的内疚感所困扰。

实际上自慰是人类一种正常的行为,没有必要妖魔化这种行为。很多父母视这种行为如洪水猛兽,但发现孩子的这种行为后又不知如何同孩子进行沟通。父母其实可以让孩子明白,自慰是正常的行为,不自慰同样也是正常的,没有必要因为这个太过烦恼。

进入青春期的孩子会对自己身体发生的变化感到好奇。一些同性孩子会在游戏时有相互触摸对方性器官的行为,这只是孩子的好奇心使然,没有必要太过担心,而且这种行为能够让孩子发现自己同周围人是一样的。

对于性取向这个问题,青春期的孩子也会很好奇。此时他们可能已经听到很多关于性取向的错误信息了。根据性取向不同可以将人们分为异性恋、同性恋和双性恋3种,这3种只是受到吸引的对象性别有所不同,并不意味着同大多数人不一样就是变态或者心理有疾病。

第五阶段:14～18岁的性成长

目标1:让他们知道自己是被父母接受的

青春期的孩子同父母的关系糟糕已经成为一种常见的现象。造成冲突的原因一方面是父母的占有欲以及对孩子的各种要求,另一方面是孩子努力想摆脱父母的束缚。在青春期孩子的眼里,成年人往往是他们所羡慕和崇拜的对象。这时我们要让孩子明白,父母对于他们的一些行为可能会不接受,但是不接受的只是他们的行为,并不是他们本身。

女孩子在这个时期对于女性气质非常感兴趣,男孩子则开始模仿他们所崇拜的人。此时孩子们都在逐渐接受成年人的模式。在进入成年人模式之前,他们应该明白,不同性别生理上的差异同社会上对于不同性别的成见是完全不一样的,性别不能决定一个人在社会中应该担当什么样的角色,对于性别差异抱有成见的看法对于男性和女性都是有害而无益的。

目标2:教会孩子如何不伤害别人又不伤害自己

青春期的孩子对于异性之间的亲密行为会产生强烈的兴趣。

家长应该告诉自己处于青春期的子女,他们所参与的所有的关于性的行为,都会带来严重的后果,这些后果往往是他们所不能够承受的。所以他们首先要学会如何和异性相处,如何能够既不伤害对方,也不伤害自己。

在青春期,孩子可能会反复地被性冲动或者对他人的好感所困惑。作为家长可以告诉孩子,产生性冲动和性幻想都是很正常的事。我们可能没办法控制自己的感受和情感,但我们能够控制自己的行为。

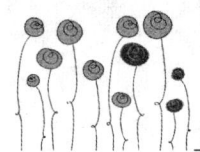
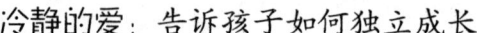

冷静的爱：告诉孩子如何独立成长

49. 最后一课：认真面对自己的生命

首先看一则新闻：

自杀已成青少年头号死因

青少年厌世轻生事件频发

青少年厌世、自杀的报道时常见诸报端，让人触目惊心。最近发生的事例也并不少见：

2014年12月，18岁女孩丁双琴疑在古镇街头遭遇诈骗后留下遗书离家出走，后自杀身亡。

2014年12月20日下午，成都一位二十多岁的女子从春熙路北口人行天桥跳下，坠落到总府路主道上，当场身亡。

2014年12月24日晚，西南政法大学才子聂兆威在网上留诗一首："平生终负气，一死谢仇雠。怜我生父母，白发送黑头……"后在校外自杀身亡。

"在我接触到的青少年患者中,大多因为学习压力大、求职受挫、情感问题和父母沟通不当等原因造成心理问题。"济南心理卫生协会秘书长、副会长张洪涛说道。

张洪涛接触的产生轻生情绪的患者中最小的只有11岁,是一名五年级的学生,其妈妈对他的要求非常严厉,不让他玩耍,不给他任何娱乐时间,该学生不堪重负欲采取跳楼行为,所幸被家长拦下。

也有许多青年人,因为求职屡屡受挫,觉得生命已经失去意义。2015年年初,有一位女性患者,她在医疗系统上班,与单位同事的人际关系不太融洽。单位领导找她谈话后,她便产生了厌世情绪。

自杀已成我国青少年头号死因

"在工作过程中,遇到了许多青少年产生了不同程度的心理疾病,其中一半采取过轻生等极端行为,一半在采取轻生行为前受到了家长的关注。即使是这些受到家长关注从而没有产生极端后果的孩子,也不同程度地患上了心理疾病,需要心理干预专家进行心理疏导。"张洪涛介绍。

有专家指出,我国有3000万青少年处于心理亚健康状态,每年至少有25万人因心理问题而丧失生命,自杀成为青少年人群的头号死因。

统计数据显示,中国18~34岁人群死亡案例中,自杀是其中最大的死因,超过了车祸、疾病等。自杀人数是他杀人数的7倍以上。即使算上成年人,在中国所有死亡人群中,自杀也是第五大死因。

在国内,许多自杀者并没有精神疾病,其自杀是在遇到强烈的人际关系冲突之后迅速出现的冲动行为。60%的中国自杀死亡者患有精神疾病,而在国际上这一数字超过90%。相当多的中国自杀者是在清醒状态下做出的决定。

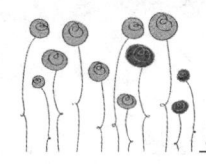

冷静的爱：告诉孩子如何独立成长

为什么会有那么多孩子轻视自己的生命？

每一年都会有孩子自残、自虐、自杀的新闻，有些孩子会选择割腕，更多的孩子选择跳楼，每年青少年、儿童跳楼自杀的新闻无一不触目惊心，这一切都是因为什么？

当年幼的孩子站在高高的楼顶上，俯视脚下小小的建筑物、车流和人群时，他们在想什么呢？当高楼顶上的风拂过他们年轻的面庞时，他们在想什么呢？当他们最终选择离开世界，双脚离开楼顶的时候，他们在想什么呢？

我曾经研究过很多心理学的文献，从这些文献中，我得出一个非常惊人的结论：任何人（儿童、成年人）的自杀，本质上只有一个原因，那就是对父母的拒绝！

孩子的自杀，是对父母的教育最彻底的拒绝和反抗！

成年人的自杀，同样是对儿童时期所受的父母的教育最彻底的拒绝和反抗！

有一则新闻这样报道孩子们的自杀：

五年级小学生从4楼毫不犹豫地飞跃而下

发布时间：2015年4月17日

男孩飞奔出去就直接跳下了楼，没有丝毫的犹豫！

上周四，舟山一所小学，一个在上五年级的小朋友突然从4楼飞跃而下，摔成重伤，直到现在还在医院抢救！

说起孩子从4楼毫不犹豫地飞跃下来的原因，不禁让人一阵唏嘘。

到底是什么原因，让男孩如此决绝地跳楼？

Chapter 8　冷静的爱

记者了解到，上周四，这所小学组织学生出去春游，老师对学生们进行了分组，这名小朋友是班里的班长，还是三好学生，老师把他跟学习较差的几个学生分在了一起，其中有一个同学他很不喜欢，于是与老师发生了争执。老师跟他说，作为班干部要以身作则，要起带头作用。结果，孩子直接冲出了教室，爬上了走廊的栏墙，翻身跳下了4楼。

摔下楼后，孩子被火速送到了医院进行抢救！直到记者昨晚拨通了孩子家长的电话，家长表示，孩子的大脑已经出现了四分之一的脑梗，目前还在抢救当中，只能期待奇迹的降临。

这两个月，有多少孩子，把家人留在了那纵身一跃中

3月3号，杭州，普金家园，一名12岁女孩被人发现在自家小区内身亡。警方确认女孩坠楼身亡。据知情者透露，坠楼女孩今年上小学六年级，性格外向活泼，讨人喜爱。微博有网友表示，女孩有抑郁倾向，且与家人发生过争吵，因为正值青春期，一时冲动做了傻事。对此，警方表示，女孩近期的身体状况确实不太好，但网上流传的抑郁和争执等说法并不属实。

3月5号，杭州，永庆坊小区，一名15岁的男孩在母亲凄厉的喊声中，从自家6楼的窗口一跃而下……邻居透露："我听到他妈妈在出门买菜前，在跟他说做作业的事，好像多说了几句，母子两个就拌起了嘴。不知道男孩子是不是因为这个才跳的楼。"目前，男孩已转入住院部继续观察，生命体征暂且平稳。

3月19号，杭州，近江家园九园，一名15岁的女孩从6楼纵身跳下，在单元楼门口，女孩丢下了一本疑似写着遗书的日记本，有邻居说，"上面写了很多，中文英文都有，好像有写'妈妈，我压力大'、'我在8点跟你们告别'之类的话。"医院初步诊断这名女孩腰椎骨折，院方表示，女

冷静的爱：告诉孩子如何独立成长

孩还未脱离生命危险。

3月30号，杭州，和睦院小区，一名11岁的女孩从7楼跳下，抢救无效身亡。学校老师透露，当天，"这个孩子不仅没交作业，还撒了谎，班主任觉得应该和家长作一次沟通。事发前，双方沟通得很好，在充分征求了家长的意见后，双方决定先将孩子带回去，补写好作业再回来上课。"

可万万没想到，这个孩子竟会采取这样的方式与世界告别。

孩子们为什么会自杀？

没有一个成年人像孩子那样热爱生命，当孩子们选择放弃生命时，往往只有一个直接原因：他们真的觉得无路可走了。

如果有不自杀就能解决问题的办法，孩子们一定不会去自杀。

孩子自杀的原因1：得不到父母无条件的信任

有一则新闻，是一个孩子被冤枉偷钱，孩子拿不出钱，又"怕回家挨打"，所以只能选择跳楼。

看到这则新闻，我想到的不是学校和老师对孩子的逼迫，而是孩子为什么"怕回家挨打？"

为什么孩子不找父母为自己主持公道？

从这则新闻里，我们就能得出结论：孩子的父母，并没有给予孩子百分百的信任。当孩子被冤枉时，他想到的也不是让父母替自己承担，而是父母也不会相信自己，会打自己。

在走投无路下，孩子选择了跳楼。

如果这个世界上，连父母也不能无条件地信任孩子，那当孩子遇到问题、被人冤枉、产生误会时，孩子一定会觉得孤立无援，甚至父母也是站

在他的对立面的。

孩子自杀的原因2：得不到父母无条件的支持

长安镇某小学一五年级小学生跳楼

南方日报讯

"我自己跳的，不想活了！"在家人还在怀疑是否有人推的时候，12岁的贾名（化名）在医院里醒来的第一句话让家人很是惊讶。

5月10日下午4点，长安镇某小学最后一节课刚下课，五年级8班的男孩贾名一个人来到了教室最前面的一个窗口，从近20米高的4楼教室里跳下。事情发生后，老师立即拨打了120。目前，贾名正在长安镇人民医院接受治疗，他的脾已经切除1/3，左手粉碎性骨折。

下午放学后，他从4楼跳下。

日前，记者赶到长安镇人民医院时，做完手术的贾名虚弱地躺在病床上睡觉，其母亲张女士在一旁照料。张女士称，自己并不知道孩子坠楼的具体情况，目前只想着把孩子治好。

在张女士的眼中，儿子成绩不好，喜欢玩游戏，但内向谈不上，因为周围很多孩子都常常去她家玩电脑。张女士称家里做点生意，孩子的父亲基本不管他，而自己又管不上，对儿子期望并不高，觉得考不考大学无所谓。因此跳楼应该与家庭压力无关。

11日下午3点多，贾名醒来并说出了跳楼的原因。"班上的几个男同学，没事有事下课后就过来打我。虽然出手不是很重，但总是被欺负，好烦。"贾名认为，因为自己的学习成绩不好所以被人欺负。但对于同学欺负自己的事情，他从未告诉过家长和老师。"昨天下午下课后，几个同学又过来欺负我，我不想再忍了，所以跳楼。"贾名还一口气说了几个同

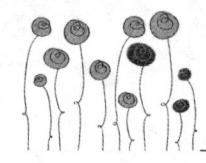

冷静的爱：告诉孩子如何独立成长

学的名字。

被同学欺负，在大人眼里这应该是很小也很好解决的事情，无论是和老师谈话、和家长商量，甚至最多不过转学，都可以解决。但是大人肯定想象不到，孩子竟然会因为被人欺负"这么小"的事情而自杀。

在大人看起来很小的事情，对孩子来说有可能是天大的事情。因为在孩子眼里，这确实是无法解决的事情，同时带给他很大的痛苦。

孩子在自杀的时候，一定想到过要找父母解决，但是他没有这样做。

父母应该给孩子这样一种安全感：任何时候，爸爸妈妈都会支持你。解决不了的问题，告诉爸爸妈妈，爸爸妈妈和你一起解决。爸爸妈妈永远是你坚强的后盾。

你是否这么和孩子说过？你是否给了孩子这样的安全感，并获取了孩子对你的信任？

只有这样，孩子在遇到困难的时候，才不会动不动就想要结束生命。

有的爸爸妈妈会说，我们早就和孩子这样说过了，没问题。

只是在口头上说说并不难，但是家长又是如何做的呢？

当孩子回到家，表示自己受了欺负，家长是否有耐心地进行过询问、调查？帮助孩子解决完问题之后，是否再次询问过孩子的现状？

有的孩子因为得不到父母无条件的支持，加之把自己的烦恼和父母说完之后，父母并不当回事，甚至觉得孩子"不懂事"。孩子得不到理解，就会觉得没有人支持自己，自己是孤立无援的。

一个绝望的孩子，可能会做出很多事情，这些事情都是家长不想看到的。

"挫折教育"曾经红极一时，大体来说，是让孩子在挫折中成长。

孩子真的能在挫折中成长吗？难说。

所有选择自杀的人，哪个不是受到挫折才自杀的呢？

越挫越勇，只是父母们的美好期望，终究不是现实。如果希望孩子尊重生命、热爱生命，就要从直面生命本身开始。

孩子自杀的原因 3：没有学会"自我疗伤"

人类也许是世界上所有生物中，内心最为脆弱的生物。一只猫、一只狗、一只大象，不需要理由就能活下去。在动物世界里，动物遭受了多么残酷的事情，也鲜少会选择自杀。生命的挫折乃是常态，在面临生命的痛苦这件事上，人类比任何生物都要脆弱。

所以在童年时期，就对孩子进行"自我疗伤"的教育是很重要的。

有本书叫做《少有人走的路》，书里提到：人生本来就是非常辛苦的。人生的痛苦乃是人生的常态。

一个合格的父母应该告诉孩子：痛苦和快乐一样，都是人生中必不可少的部分。我们要学会面对痛苦，接受痛苦，和人生的痛苦、挫折和平相处。

和痛苦相处，但是不要让痛苦打败自己的意志。教会孩子接受痛苦，这就是自我疗伤的开始。

如何避免孩子自杀、自残或犯罪？

我对青少年自杀的新闻非常关注，我发现几乎所有的父母，在发现自己的孩子自杀后，都会表示：没有想到孩子会自杀、非常后悔以前没有好好倾听或关注他、平时不知道孩子在想什么。

在一个孩子选择自杀前，也许他已经向父母求助过很多次，但是都被父母忽视了。最后出于绝望，孩子选择了死亡。

所以任何时候，作为家长，都不要忽视孩子的内心，不要觉得孩子不开心就是性格内向所致，不要忽视孩子对你诉说的烦恼。

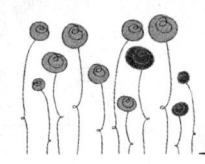

冷静的爱：告诉孩子如何独立成长

爱是倾听、理解、包容。作为家长，要真正发自内心地去理解孩子，理解孩子的苦衷，包容他们的年轻和幼稚，去倾听他们的心事。

家长应告诉孩子：任何时候爸爸妈妈都会支持你，当有解决不了的事情的时候，先回到爸爸妈妈这里，爸爸妈妈和你一起解决。

一个充分感受到被爱、被支持的孩子是不会自残和自杀的，他们也不会去伤害别人。

孩子，让我们一起学会认真地面对自己的生命

我在很小的时候，在路边买过一只很小的小鸡，那小鸡颜色嫩黄，叽叽喳喳，走起路来摇摇晃晃。

我妈妈把小鸡给我买回家，和我一起照顾。几天后的早晨，我起床后去看小鸡，结果发现小鸡的身体已经僵了。

我号啕大哭，怎么也不肯吃饭。我妈妈看我不停地哭，她对我说："很伤心是吧。小鸡已经死了。我知道你一定很伤心。但这是一件没办法改变的事情，妈妈也很想替你把小鸡找回来，但是小鸡已经去了另外一个世界。小鸡会出生，会长大，也会死亡，这是自然的规律，也是没有办法改变的事情。我们一起把它埋了，给小鸡做个坟，祝福它在另外一个世界快乐，好不好？"

这是我第一次知道"死亡"。

我很感谢我的妈妈，没有告诉我"小鸡去了天堂"，而是告诉我小鸡"死亡"了，因为早晚有一天，我会知道"死亡"这件事。

了解生命会出生，也会死亡，是每个孩子都应该受到的生命教育。

想象下，如果生命无穷尽的漫长，如果每个人和每个人都可以天长地久地相处，那么世界会是什么样子？

我想，那时候亲情会不再重要。因为你会有自己的爸爸妈妈、爷爷奶

奶、曾祖父曾祖母、曾曾祖父曾曾祖母……一大堆人。

同时，孩子也会有自己的儿子女儿、孙子孙女、曾孙子曾孙女……

那是什么情景？每个人都有几百个、成千上万个直系亲属，而且大家一起生活了几千上万年，那么亲情还宝贵吗？

如果没有死亡，那么爱情也会不再重要。生命无穷尽的漫长，多么美好的感情也会因为太漫长而慢慢消失，因为相处太久谁也受不了谁，结果大家都不断地换男女朋友，省得看得久了厌烦。

那时事业也不再重要了。因为每个人都有无穷尽的时间，什么时候做都是一样的，每个人都有无穷尽的事情，谁还会在乎自己能不能做出一番事业？反正都是活着……

孩子，想象一下那样的世界，真的美好吗？

所以死亡，是让生命变得美好、变得有意义必不可少的一环。

死亡只是一种假象，当生命消逝，我们会变成另外一种物质，成为广袤宇宙中的一粒微尘，等待我们的是再次轮回和循环。

对宇宙中的每个生命来说，生命都是一个宝贵的机会，我们获得了生命，是上天最珍贵的恩赐。所以，孩子，在死亡来临之前，我们要认真地面对自己的生命，不让它虚度；我们要尽可能地体验更多的情感，享受更多的快乐，创造更多的价值。